自由职业者生存手册

Freelancer Survival Manual

无戒 杜培培 著

北京大学出版社
PEKING UNIVERSITY PRESS

内 容 提 要

经济波动之下,很多行业都已经或者正在发生震荡,前两年整个就业市场并不乐观,谋求自由职业发展之路,正在成为越来越多的人的共识与追求。

本书详细讲解什么人适合做自由职业者、自由职业者路上的陷阱有哪些、成为自由职业者需要具备的能力、自由职业者如何找到持续的利润模式、如何实现被动收入、自由职业者税务、保险问题怎么解决等问题。

本书适合已经成为自由职业者及即将成为自由职业者的人,以及寻找副业、尝试副业的职场人士、在校大学生等读者阅读。

图书在版编目(CIP)数据

自由职业者生存手册 / 无戒, 杜培培著. —北京:北京大学出版社, 2023.5
ISBN 978-7-301-33803-2

Ⅰ.①自… Ⅱ.①无…②杜… Ⅲ.①自由职业者—手册 Ⅳ.①C913.2-62

中国国家版本馆CIP数据核字(2023)第039466号

书 名	自由职业者生存手册
	ZIYOUZHIYEZHE SHENGCUN SHOUCE
著作责任者	无 戒 杜培培 著
责 任 编 辑	王继伟 杨 爽
标 准 书 号	ISBN 978-7-301-33803-2
出 版 发 行	北京大学出版社
地 址	北京市海淀区成府路205号 100871
网 址	http://www.pup.cn 新浪微博:@北京大学出版社
电 子 信 箱	pup7@pup.cn
电 话	邮购部 010-62752015 发行部 010-62750672 编辑部 010-62570390
印 刷 者	三河市北燕印装有限公司
经 销 者	新华书店
	787毫米×1092毫米 32开本 6.75印张 144千字
	2023年5月第1版 2023年7月第2次印刷
印 数	4001-6000册
定 价	38.00元

未经许可,不得以任何方式复制或抄袭本书之部分或全部内容。
版权所有,侵权必究
举报电话: 010-62752024 电子信箱: fd@pup.pku.edu.cn
图书如有印装质量问题,请与出版部联系,电话: 010-62756370

序 言

自由职业三年，我活成了想要的样子

我曾经有一个梦想：有一天过上以书为伴、以文字为生的生活。但有很多年，我一直臣服于生活，为碎银几两放弃了做梦的机会。

之后在生活的一地鸡毛之中，我一遍遍问自己：你活着为何？却从来不曾找到答案，只能不断妥协于现实。午夜梦回，我总是想起曾经的梦想：在午后的阳光里，躺在阳台的躺椅上，一杯热茶，一本书，就这样度过一整个下午；在世界各地留下自己的足迹；写自己想写的故事……可是这样的生活好像只能出现在梦里，它离我是那样的遥远。

21岁那年，我从公司辞职，之后的很多年，我一直在尝试各种行业。目的只有一个：赚钱，赚足够多的钱，去供养我的梦想。

可是生活就是如此，从不会按照你设计的剧本发展。它充满变数，擅长制造困境，把你打入深渊，看着你垂死挣扎。我的种种尝试都失败了，有那么一刻，我差点就妥协了。

我想要的自由，我想要的生活，或许这一生，我都不配得到。每次想到这些，我都对生活充满失望。

但为了成为一个自由的人，为了过上我想要的生活，我决定反抗。

自由职业，这个令人羡慕的职业，是我毕生所求。我无法接受像绝大多数人一样，去过那种一眼可以望到头的生活。我不甘心，不甘心我只能按部就班地生活，不甘心我一无所有，不甘心我就这样终老。

为此我做了很多努力。

从摆摊开始，我想象着，我也可以和那些成功人士一样，靠摆摊起家，赚到自己人生的第一桶金，从此"一路开挂"。可是事实让人难过，我摆摊半年，早出晚归，与城管玩着"猫捉老鼠"的游戏，却连本钱都没有赚回来。

在冬日的夜里，收摊回家的路上，我看着悬挂在天空中的孤月，想起自己这失败的人生，无数次怀疑自己——难道我真的没有未来吗？

我不再看书，不再写故事，整天浑浑噩噩，渐渐失去了对未来的渴望，甚至失去了做梦的勇气。我开始承认自己的平庸，甚至认为这才是我该过的生活。

可是，当我败下阵来之后，我竟莫名地快乐起来。

一天站在街头十几个小时，也感受不到辛苦。

那种感觉很奇妙，就像"觉醒"了一样。

从那天开始，我开过工厂，种过田，摆过摊，开过店。可是我依然没有找到我想要的自由。

2015年，我回到小城，打算在此终老一生。

那一年，我26岁，守着一家店，有一个4岁的儿子，一日又一日地重复着前一天的生活。那时候，我再也无法获得快乐，甚至失去了痛苦，麻木而茫然地活着。

店里生意并不好，空闲时间越来越多。我想起了那个梦，于是拿起笔，开始写文章。

你无法想象，就在那一天，非常平凡甚至枯燥的一天，我却突然觉得，我过上了曾经想要的生活：看书、写文章，在文字的世界里寻找生活的出口。

也就是那一刻，我明白了，原来实现梦想如此简单，只要你去做，你就已经实现了。

只是这个道理我懂得太迟了，白白浪费了好多年。我们总以为，等我们做好一切准备，才能去做我们最想做的那件事，事实上，并不需要如此。从你开始想做的那一刻，你就去做，你会发现，其实这一切，并没有那么难。

之后发生的一切，简直太神奇了，我成了某平台的签约作者，又成了签约导师，甚至变得小有名气。

2017年年初，我把小店转让，开启全职写作之路。

2017年是个分水岭，此前的5年，在自由职业这一方面，我是作为失败的案例而存在的；此后的6年，我的生活发生了翻天覆地的变化。我用写作开启了新的生活，写文案、写书、写专栏、做讲师，我过上了很多人想要的生活。

常常有人向我咨询关于如何成为一名自由职业者的问题，这本书就是在这样的情况下诞生的。

在此之前，我一直在写小说，梦想成为一名小说家。但是当出版社拿着这个选题找到我的时候，我心动了，我想起了我曾经为了成为自由职业者走过的那些弯路、踩过的那些坑，经历的那些痛苦和失意。我决心写出这本书，把我做自由职业者的这11年的经历写下来，给所有想要成为自由职业者的小伙伴提供参考。

现在灵活就业已经成为一个风向，而写这本书的目的，就是想帮助所有想要靠副业变现、成为自由职业者，以及准备"轻创业"的人，尽可能帮助他们规避风险，找到适合自己的方向，开启自由职业之路。

将自己过往的经验总结成书，引起读者深入思考，为读者提供方向和方法，帮助每一个需要帮助的人，这就是这本书存在的意义。

如果你也想成为一名自由职业者，想找到你想要的自由，过上你想过的生活，就请打开这本书，认真阅读，然后去践行、试错、坚持，总结经验，一定会找到最适合你的职业。

当然，你不必全部按照我所说的去做，任何一本书的作用，都是为你提供参考。所有的经验、方法，永远只有在践行和复盘之后才会成为你的知识。

希望你读完这本书之后，可以找到你的理想人生。

感恩遇见你。

无戒

一个人最大的幸福,
莫过于用自由的方式过一生。

——无戒

目录 Contents

Chapter 01 第一章

做好准备，踏上自由职业之路

什么样的人适合成为自由职业者？ /002

自由职业者的成长体系和规划 /011

自由职业者将面临哪些压力？ /018

自由职业者怎样才能实现睡后收入？ /025

自由职业者如何平衡生活和工作？ /030

Chapter 02 第二章

打造个人品牌：探索可持续变现的模式

方向定位：确定你要从事哪个行业 /038

市场分析：谁会为你的技能付费？ /045

产品研发：策划出你的产品和产品体系 /052

专业知识：用专业知识打出影响力 /061

提前布局：探索可持续发展模式 /068

抓住风口：风口之下，你能赚到哪些钱？ /074

挖掘天赋：找到终身热爱的事业 /081

Chapter 03 第三章

七力加成：自由职业者必备技能

学习力：迅速适应快速发展的时代 /087

写作力：让你的影响力快速裂变 /093

直播力：用专业的态度获取更大的信任 /099

思维力：用成长型思维去玩无限游戏 /106

复盘力：在实战中盘点优劣迭代推新 /113

行动力：不要将想法扼杀在你的惰性里 /118

创新力：赢在瞬变时代的利器 /126

销售力：别让用户意识到 TA 在说服我 /133

Chapter 04 第四章

自由职业者生存宝典

时间管理：如何将看不见的时间清晰量化？ /140

精力管理：一个人如何活成一支队伍 /145

人际管理：寻找生命中的贵人，一起成长 /149

健康管理：给你的 50 个健康小建议 /154

情绪管理：调整心态，增强抗压能力 /158

税务筹划：解决个人税务和公司税务的方法 /164

基础保证：缴纳五险一金消除后顾之忧 /170

Chapter 05 第五章

从个人思维转为老板思维，实现真自由

终极目标：从个人思维转为老板思维 /176

组建团队：把钱分出去，把人招进来？ /181

团队管理：怎样组建一个具有凝聚力的团队 /187

培养人才：找到替你管理公司的职业经理人 /193

实现真自由，完成梦想 /200

一份自检清单：你拥有成为自由职业者的基本素养吗？ /202

Postscript 后　记

关于自由职业的18个真相 /204

Chapter 01
第一章

做好准备,踏上自由职业之路

什么样的人适合成为自由职业者？

疫情影响下,经济波动,很多行业都已经或者正在发生震荡,各大公司都在不定期对人员结构进行优化。工作顺利的人突然失业,在岗的人也惶惶不安,生怕成为下一个"毕业"的人。

目前整个就业市场并不乐观,有一小部分人,已经在谋求自由职业发展之路。

在严峻的就业市场中,自由职业为很多人带来了一丝希望。

自由职业有很多明显的优点,比如不受拘束,不被控制,可以自由安排自己的时间和工作,不用拼命熬夜,也减少了很多无用社交。因此,近年来,自由职业成为很多人向往的乌托邦。

事实上,不是所有的人都可以成为自由职业者,有很多不适合做自由职业的人,哪怕短时间内成了自由职业者,最终也不得不重返职场。

只有了解自己的性格特质，能够合理规划自己的职业发展方向，自由职业之路才可能走得更顺畅。

那究竟什么样的人，才适合成为自由职业者呢？如果你也思考过这个问题，那就请认真阅读，看看自己是否符合以下条件。

1 追求自由的人

你是否喜欢严格统一的纪律、觥筹交错的社交、朝九晚五的秩序感？如果你很享受这种状态，相比自由职业，你在职场中会更如鱼得水。

如果你喜欢独处而非挤进熙攘人群寒暄；如果你喜欢独自吃饭而非呼朋唤友聚餐；如果你喜欢按照自己的规划做事，而非按照条条框框工作，那么你可能适合做自由职业者。

每一个崇尚自由的人，都希望脱离刻板拘束的工作环境，不用再看上级和同事的眼色行事，不用理会打卡制度和人情世故。

两种不同类型的人，就像两种迥然不同的鱼，有的天然崇尚自由，喜欢在大海里自在遨游；有的喜欢规则制度，更乐于生长在有秩序的池塘。

以自己的经验举例，成为自由职业者的第一年，我感受到了巨大的变化。每天早上不用像往常一样，为了赶早班车慌慌张张地饿着肚子通勤，而是睡到自然醒之后，从容地喝杯热茶，吃一顿美好的早餐再开始工作。没有了公司规章制度的管束，没有了同事的攀谈交流，更没有冗长无效的会议，可以随心所欲按照自己的喜好布置工作环境，按照自己的节奏工作。

让人惊喜的是,一个人时的工作效率非常高,没有外部环境的干扰,很容易进入心流状态,半天时间就可以完成之前一天的工作量。

我从小就不是一个特别守规则的人,总在挑战一些别人不敢做的事情。在成为自由职业者之后,才真正明白,自由于我有多么重要,我可以用更少的时间,提高效率,更快地做好工作。

▷ 自驱力强的人

热爱自由是第一位,却并不是最重要的。这个世界上本就不存在完全的自由,所有的自由都是适度和相对的。哪怕一个人再放浪形骸,也需要遵循法律制度和道德底线。想要在自由的环境中做好一份工作,自驱力是自由的底线和保障,缺乏自驱力的自由是脆弱的过度放纵,根本无法持续。

什么是自驱力?就是不用靠外部打卡制度和激励制度驱动,你的内心会自主生发出一种强烈的追求更美好、更卓越的生活和工作的动力。如果没有自驱力,自由就会成为懒散的营养液,会滋生更多的惰性和溃败。这样持续下去的结果,是只有自由,而无职业。

自由在于你可以自行安排办公地点和办公时间,而自驱力可以保证你能出色地完成工作任务。

3 > 有真实梦想的人

乍一进入自由状态,就像扑进松软的巨大的棉花糖中,没有支点,没有方向,没有规则,很容易沉浸其中无法自拔。可一旦你有了热爱的事情,这件事就是明亮的灯塔,可以为你指明奋斗的方向,你可以为了自己热爱的事情而付出努力,收获快乐。

任何事物都有两面性,自由职业也不例外。它固然有美好的一面,但也有糟糕的一面。只有你对某一件事怀着无可比拟的热爱,才能甘心忍受这份职业中必然会出现的、不那么让你舒服的事情。

从小到大,我最热爱的事情,便是写作。我一生最大的梦想,就是居住在一个无人干扰的小岛,自由自在地写作,不被世俗打扰。可是,生活哪能事事如愿?我的幻想不切实际。我需要生活,需要经济基础。所以,我选择的职业是写作导师,我要做这份工作,得到收入去支撑自己写作的梦想。在我遭遇挫折想要放弃时,梦想便是我前行的动力和底气。当你需要用自由职业的收入,去滋养自己的热爱之事时,你就多了一个不能放弃的理由。

4 > 擅长做规划的人

如果你经常畅想未来,描绘 5 年后或者 10 年后的生活并为之奋斗;如果你在工作或者生活中,会确定自己的每一个目标,为之做出详细规划并努力实现,那么,你在自由职业中也会游刃有余。

自由职业的天然属性，就是不确定性。在职场上，你明确知道达到多少业绩就会成为主管，做成什么项目就能升为经理。但成为自由职业者，如果不会做规划，就像在茫茫沙漠中行车，根本不知道要开往哪个方向。

我有一个读者，他特别擅长做规划，在职场上本就如鱼得水，通过研究规则，努力提升业绩，职位层层上升。但是在很重要的一次晋升机会中，他落选了。后来才知道，赢了他的人有特殊的背景关系。在职场工作太久，他已经疲惫了，厌倦了这种尔虞我诈。积累了足够的专业技能和人脉之后，他果断离职，成为自由职业者，并给自己做了非常详细的初步规划，列出了自由职业生涯中非常多的可能性，最终成为一个非常优秀的自媒体博主。

5 拥有副业收入的人

哪怕你具备了以上特质，但如果工作能力不足，依然无法成为自由职业者。

自由职业者的核心要求是有独立赚钱的能力，而副业，在某种程度上能反映出你是否具备这种能力。在职场上，只有利用某一技能将一件事做得非常出色，才能用这一技能开拓副业。如果你打算成为自由职业者，那么，现在就要开始积蓄势能，在工作之余，可以先尝试利用自己的专业技能做副业。当你积累了一定的经验，副业收入超过主业收入时，就表明你已经可以考虑踏入自由职业之门。拥有可观的副业收入，说明你的能力是可以变现的，不用公司背书，就可以直接对接市场，成为独立赚钱的人。

仍旧以我自己的经验为例，几年前我在某自媒体平台兼职写作，开店是我的主业。后来，我坚持日更，越来越多的人找我写稿子，赚到的钱越来越多，经济上更加宽裕。直到某一天，我突然发现，我的副业收入已经比主业还要多了，便下定决心并征得家人同意，关闭店铺，成为一名自由写作者。如果副业没有主业赚到的钱多，那么说明你的能力还不够养活自己，此时不能盲目辞职，继续提升技能才是重中之重。

6 逆商高的人

回想一下你的人生经历，在遭遇困难的时刻，你的第一反应是自暴自弃，还是积极寻找解决方案？你是遇到挫折就一蹶不振的人吗？你人生中遇到的最大的一个困难，是如何度过的？是寻找他人帮助，还是随波逐流自怨自艾？或是奋起反抗、力挽狂澜摆脱困境？

比起中规中矩的职场工作，自由职业者需要更高的"逆商"。因为在公司犯了错，你还有同事相助，上司兜底，公司当靠山。但是，自由是一场冒险，可能遇见湍急水流，可能碰见冰川暗礁。这场冒险中，困难永远比成就多，小挫折可能比一日三餐出现的频率还要高，并且所有后果都是你一个人承担。

面对困境，是低沉消磨还是积极寻求应变策略，将决定你的自由职业之路能不能走顺。

逆商低的人，可能很快就被这种日常磨砺耗尽了元气。但是如果能在逆境中保持良好心态，不被影响，不被吓倒，思考的永远都是怎样解决问题，就一定能应对自由之路上的各种挫折。

2021年，对教培行业来说，是一个毁灭性的打击，数以万计的工作人员失业。就在大多数失业人员尚处在迷茫之中时，有一个朋友已想出来办法积极应对。这位朋友原来是一个知名教培公司的幼儿英语老师，失业后便开始在网络平台发布英语教育相关的视频。她说得一口流利的英语，轻松自信又元气满满，吸粉无数，短短一年的时间，就已经成为某知名平台的知名教育博主。

7 有毅力的人

你会三天打鱼两天晒网吗？你做事情经常半途而废吗？你有没有持之以恒坚持过做一件事？

之前网络中有一个传播范围很广的段子，一位网友说：我这辈子坚持最久的事情就是吃饭和睡觉。除了这两件事情，你还主动坚持做过其他事情吗？

如果你想成为自由职业者，现在请思考一下：这么多年，你坚持的最有成就感的事情是什么？

一般来说，能够健身减肥成功的人，做自由职业者成功的概率会更高。健身就是一个考验毅力的事情，越到后期越难坚持。自由职业不是一个抬头就能看见亮光的行业，需要我们在黑暗中摸索，需要我们在迷茫时坚持。当你筋疲力尽的时候，还需要给自己熬几碗鸡汤，坚持向前走。习惯半途而废的人，一定熬不到黎明。

所以，当你感觉自己马上就要倒下时，告诉自己，和你同时期的人可能已经倒下，现在能留下的才是最厉害的。

8 > 无法出门工作的人

一位新手妈妈，如果没有人帮忙育儿，也不想或者无力承担雇保姆的费用，那么她很可能会选择离开职场，回归家庭。

笔者认识一位双胞胎宝妈，她就是因为各种原因，不得不辞职，专心育儿，在教育小孩的过程中，她遇到了很多困难，看了大量的育儿书，学习了很多专业知识，还考取了家庭教育指导师的资格证书。

在这个过程中，她在网上复盘自己的育儿实践经验，没想到被很多网友喜欢，经过探索，她开始拍视频，积累了大量粉丝，通过带货母婴产品变现，实现了一边育儿一边工作的自由。虽然很辛苦，但是她特别开心，既没有缺失孩子的成长，又能将专业知识分享给更多宝妈，还能挣钱补贴家用。

当然，还有其他无法出门工作的人，比如残障人士。因为健康问题，残障人士很难和正常人一样去公司上班，这样的人若有一技之长，就很适合做自由职业者。比如，一位独臂小伙子开直播写毛笔字，他的字很好看，观众也很欣赏他自强不息、乐观向上的精神。他在春节期间为网友写春联，获得了很好的收入。在互联网时代，很多人不用出门就可以工作，这是很好的时代红利，也是未来发展的一个大趋势。

符合以上8个条件的人，都有希望成为一位成功的自由职业者。但并不是说只要符合，就一定能够成为自由职业者。你可以将自己的情况和以上8个条件一一对比，符合的条数越多，成为成功的自由职业者的可能性越大。

做自由职业，如同开盲盒，没有打开之前，我们永远无法知道里面是什么，可能是惊吓，也有可能是惊喜。但惊喜和惊吓交替出现，才是生活的常态。

自由职业中没有并肩作战的同事，没有提拔你的上司，也没有良好的公司平台为你背书。一个人只有耐得住寂寞，忍得了孤独，有强大的心力和较强的技能，才能成为一位迅猛前进的自由职业者。人生中没有任何事是简单的，每一种选择都有利有弊，当我们选择有可能得到的利益时，就要做好承担有可能出现弊端的心理准备。

一个强大的自由职业者，就是要时时刻刻面临着抉择和风险，不畏艰难，不畏挑战，永远元气满满，才能够随时开启新的篇章。

自由职业者的成长体系和规划

很多人凭着一时冲动,做了某种决定,如果结果不尽如人意,就会觉得上天不够眷顾他。

其实并不是,大多数成功靠的都不是运气和偶然,而是长期的筹谋和规划。想成为自由职业者,就必须提前了解这个行业的规则及相应的成长体系,努力做好一切规划,尽可能提高成功率。

做自由职业者这些年,我总结了一套行之有效的成长规划,可以帮助你找到适合自己的行业目标和方向。

我身边有一些朋友长期从事自由职业,在撰写本书内容时,我又对他们进行了详细采访,重新梳理并完善了这套自由职业个人成长体系。了解个人成长体系,对于每一位想要成为自由职业者的人来说,都有益处。

成为自由职业者后,我做的第一件事,是给自己放一个长假,独自去国外旅行。我走过了40多个城市,同时有了更多的时间陪伴孩子,在他放假时,可以带他去看世界各地的风景,陪他玩各种各样的游戏,和他一起去乡下小住,近距离感受阔别已久的大自然。

当时很多人羡慕我的生活,经常问:我也想做自由职业者,你觉得可以吗?然而,答案却让他们失望。我的回答是:不可以。

为什么我可以,他们却不可以呢?其实真正的答案并不是完全不可以,而是当下不可以。

大多数小伙伴想要成为自由职业者,仅仅是因为这个职业很自由。但是他并不知道自己要做什么,方向是什么,目标是什么,而是迫切地想要在拥有自由的时候赚到钱。

可是自由职业并没有那么容易,靠自由职业赚钱更难,甚至在短期内不仅不赚钱,还会付出一部分投资。很多人过于理想主义,没有意识到任何事都不容易,别人得到的一切,都是通过勤奋付出换来的,没有不付出就可以成功的道理。

那么,如果真的坚定了做自由职业者的决心,到底该做什么准备?

看完这套自由职业者的成长体系,你应该会有所收获。

1▷ 找到你要进入的行业

进入自由职业领域前,请先问自己一个非常重要的问题:我到底要进入哪个行业?

这个问题是一道门槛，只有想明白了，确定了自己的方向，才有资格跨入自由职业者的行列。

比如，我做自由职业者时，选择的是写作领域。随着时代的发展，自由职业可选择的领域越来越多，如摄影、绘画、写作、咨询、旅行、母婴、运动等。如何选择适合自己的行业，可以从以下3个方面考量。

（1）你喜欢什么？

喜欢是主观的，全凭个人感觉，但是也有一些客观的评价标准。现在来回想一下，在你的休闲时间，你做什么事情投入的时间最多？一般来说，在私下里，大多数人投入时间最多的事情，就是最喜欢的事情，但并不是所有喜欢的都能成为自己的职业。比如有些人喜欢看电影，这能成为工作吗？单纯喜欢看电影是不行的，但是如果会写影评或者会解说影视，大概率就可以；如果你喜欢阅读，读书可以成为职业吗？并不行，但如果你通过阅读总结了很多读书技巧或者会写书评，这就可以；喜欢睡觉可以吗？这也不行，但如果你能够通过睡觉敏锐地感受到不同床品的区别，并记录下来，就有机会成为酒店试睡师。

将主观喜欢的事情，转换为客观的、对他人有益的行为，这才是真正将爱好变成了职业。

（2）你擅长什么？

相比喜欢，擅长是一件比较客观的事情。如果没有发现自己有什么特别擅长的，就请回忆一下：从小到大，有没有人夸过你什么？或者你的朋友平时会想让你帮忙做些什么？

被别人夸奖和被别人求助的事情，往往就是你所擅长的。比如，你是健身达人，那么可以选择成为一位健身主播；如果绘画技能突出，可以做线上绘画训练营；如果擅长书法，可以在线上进行书法教学，带私教学员，同时还可以带货卖毛笔、宣纸等；如果你擅长写作，就可以选择成为一位自媒体作者、网文作者或者写作教练。

（3）你的职业是什么？

本职工作就是擅长的天花板，公司在招聘时，就已经设置了入职门槛。能够进入公司工作的，就是对本行业比较精通的，这个技能就可以直接拿来变现。比如，我的社群中，有个学员是心理咨询师，原先在一家相关单位工作，后来离职自己做线上心理咨询，收入不错；还有一位学员是摄影师，之前在本领域内一个很知名的大公司上班，工作之余兼职接单，现在成了自由摄影师，一边旅行，一边拍视频，还去各地接约拍业务。能作为工作赚钱的技能，也能作为自由职业养活自己，只不过是换了一个形式而已，以前是公司接单，现在是个人接单。

▷ 通过副业积累实力

我并不赞成脑子一热，就辞职做自由职业者。如果真这样做了，压力相对来说比较大，而且很难得到你想要的结果。

这两年，"副业"这个词非常火，很多人都有自己的副业。因此，我建议，可以先把自己确定的方向，当作副业去做一段时间，等到副业收入稳定了，就可以没有后顾之忧地成为自由职业者。

我的团队有一位兼职运营，之前在一家公司供职，下班之后就在家里写网络小说。后来写小说的收入超过了主业，他就辞职开启了全职写作之路。这个思路很正确，而且更容易成功。做副业积累的阶段，要通过大量的练习来提高专业能力和变现能力，这两个能力在之后做自由职业者的时候非常重要。

3 打通你的变现渠道

想要变现，让客户付费，就需要设计出你的产品。这个产品可以是实体产品，如面膜、衣服、书本、字画等；也可以是虚拟产品，如咨询、私教、训练营、线下课等。

当你策划出产品，做好宣发，有人愿意付费并持续回购时，你就可以成为自由职业者了。能否将你的产品变现，是检测你能否成功的唯一标准。

同时，你的变现渠道必须多样化，不能单一，否则很快就会面临瓶颈。

比如我的变现渠道有文案代写、自传代写、图书出版、平台专栏分成、全网平台流量奖励、征文奖金、写作课收益、读书会收益、私教服务费、撰写品牌故事、个人咨询，以及直播和视频带货收益等。

多渠道变现就是把鸡蛋放在多个篮子里，哪怕一个项目不行，还有其他收益保障。同时，在开发自己产品时，必须确保产品能对你的客户有帮助，且要做好服务，赢得口碑，才能做到可持续发展与变现。

▶ 持续引入后端流量

我做自由职业者的 7 年间，一些学员从我的训练营走出去，自己开课，但做的超过半年的人并不多，这是什么原因呢？

他们都有这个苦恼：开发了产品，启动了项目，收到了第一桶金。但是，一段时间后，却发现再也没有人愿意为他的产品付费了，这就陷入了流量困境。

无论选择哪个行业，销售和拓展市场是自由职业者逃不掉的环节。如果这一环做不好，自由职业生涯也就接近尾声了。

前期，这些学员在我这里积累了第一批客户，于是开始做产品，宣传推广，有一些人认可，便付费了。但是半年之后，这些人都学过了，不愿意再次复训，失去了后端流量，项目自然就做不下去了。

后端跟不上是自由职业最大的困境，解决之法就是不断积累，全网平台都要铺开，提升自身影响力，将流量从公域引流到私域，如视频号直播可以直接将客户引流至企业微信，这样就可以保证自己能拥有源源不断的流量。

截至现在，我的社群中已经有 3 万多人。一旦他们对我的服务或者课程产生兴趣，就有可能成为付费用户。后端流量越大，产品变现就越容易。

除了平台流量，口碑同样重要。做好课程服务，确保质量，提高复购率，就可以保证后端流量不断层。如此形成良性循环，才能够做得持久。

5> 组建一支队伍

自由职业者最终要实现的，就是有人帮你变现，这样你就可以做任何你想做的事情。

很多年前，我都是一个人承担所有工作，工作强度极大，赚到的钱却并不多，还差点因为工作影响了自己的身体健康。所以我决定组建团队，有了团队之后，我才算是真正被解放出来，很多事务都由团队小伙伴处理，而自己主要负责最核心的工作，时间就自由了很多。

组建团队不容易，但是必须做。在组建团队的过程中，虽然确实踩了不少雷，但好在结果不错，我建立了一支非常有凝聚力的团队，去年业绩翻了一倍，今年3个月就完成了全年目标任务的三分之一。这让我真正地从琐事之中解放了出来，开始做自己想做的、可以复利变现的事情。

我们现在大致做一个总结，自由职业的成长体系如下。

第一个阶段：找到你要进入的行业；

第二个阶段：积累你的硬实力；

第三个阶段：打通你的变现渠道；

第四个阶段：持续引入后端流量；

第五个阶段：组建团队。

在成为自由职业者之前，对以上成长体系有了透彻的了解，你就可以开始做规划了。很多路看起来很难走，但是当你真正开始去做，专注于当下，遇见难题就想办法解决，你就会发现其实也没有那么难。

最难的地方在于，你敢不敢开始，有没有计划，信念是否坚定，是否找到了你真正想要做的事情并决定为之努力。

自由职业者将面临哪些压力？

很多人之所以萌生做自由职业者的念头，就是看别人做得风生水起，觉得自己也可以，头脑一热便辞职了。未做好风险把控就贸然辞掉稳定的工作，切断现金来源，这是很危险的行为。

一个成功的自由职业者必须头脑清醒，不能盲目跟风，只有全面了解风险和挑战，才能提前准备好解决策略。毕竟，只有清楚地知道地雷的位置，才能做到准确排雷。

上班族的工作节奏和生活作息相对来说是固定的，当你转变成自由职业者后，自己是自己的老板，却也成为自己的打工人。你不仅需要充当管理者的角色，合理安排所有工作，还需要承担执行者的角色，去落实每一个小细节。最重要的是，你需要自负盈亏，承担很多意外风险。

总的来说，自由职业者会面临以下五大压力。提前知晓，便可以做好更全面的准备。

1 金钱压力

朝九晚五工作时，你的工资每月都会准时抵达你的银行卡，不管数额多少，但是足够稳定，可以用来支付日常花销。一旦成为自由职业者，最大的变化就是，再也没有人给你的银行卡里每月打入一笔固定资金了。收入从一条直线变成了一条非常不稳定的波浪线，至于这条线的走势是向下还是向上，取决于你的能力。

未雨绸缪总比临时慌乱好得多，如果不是有百分之百的把握，最好给自己储备一笔"过渡金"，自由职业刚开始的那段时间，你可能没有稳定的收入来源，这时就需要依靠过渡金维持生活。

这笔钱需要多少呢？数额是 6～12 个月的生活费，以免影响正常的生活质量。当然，也要做好开源节流的准备，不要在不必要的物件上花钱，同时学习多渠道变现的方法。

我当年决定做自由职业者的时候，每个月的写作收入已经超过主业收入。除此之外，我前几年经营过葡萄园，后来不想做了，把葡萄园转让之后，每年就有 10 万元左右的租金作为稳定收入，也因为有了这个后盾，我才没有后顾之忧。成为自由职业者之后，收入不稳定，也是因为有这个收入保障，才支撑了下来。

② 舆论压力

每天早出晚归,偶尔加班,周末休息。这样的工作,在父母看来是非常稳定的。长辈们最喜欢的就是稳定,他们天然对不确定性有恐慌情绪,而这种情绪必然会波及你。

尤其是当你整天窝在家里不出门的时候,父母会认为你不务正业。相信我,任何一个裸辞的人,在初期都会被父母看作不干正经事。他们会经常问你在干什么,旁敲侧击地问你有多少收入。如果你和父母生活在一起,他们会每天给你压力;如果你们分开居住,他们可能会通过电话来打探你的生活状况,无形中给你增加了压力。

如何解决这个问题呢?在辞职前和父母进行一场深度沟通非常必要,让他们清楚你的规划和实力,这样他们才会稍微放心;在辞职初期,要继续告知他们你每周的情况,让他们有掌控感,这样就可以避免他们频繁给你施压;当你获得收入时,要及时报喜,让他们知道你即使不上班,也是在工作,也能够养活自己。与此同时,掌控自己的情绪也非常重要,不要用情绪对抗情绪,更不要让这些情绪影响你的工作。

除了家人之外,你可能还要面临亲戚、邻居的异样眼光。在他们看来,你可能是一个"啃老族",有些人还会逮着机会就问你:你怎么不上班?这时候,尽量不要解释,当你做出解释时,他们同样会有各种理由劝你回去上班。

应付这种事情最好的方法就是,承认你失业了,就在家里,什么也不干。满足了他们的好胜心,他们才会放过你。

我做自由职业者的前几年，就经常有人问我不上班在家做什么，我发现无论怎么解释，他们都是似懂非懂。后来，再遇到类似的问题，我就会说，我在家带孩子呢，啥也没有干。每次我这样说，他们都会露出意味深长的微笑，然后回一句：挺好挺好。话题就到此结束了。

这是最不浪费时间，也是最简洁的应对方式。

3> 不规律生活的压力

7点起床，8点赶车，9点上班，中午吃饭，晚上6点下班回家，这可能是你之前很多年的生活写照。人类的习惯是超乎想象的强大，强大到一旦打破，就难以建立一个新的体系。"自由"这两个字的本质是自我约束。没有约束，便没有自由。

很多人在职场工作多年，突然自由之后，就会感受到一种无与伦比的舒适感，开始放纵。早上赖床到10点，回复些消息，看一看短视频，就到了12点，开始吃午饭；吃完饭头脑昏昏，又想睡个午觉，醒来后发现已经下午3点了，上午的工作还没有做完，整个下午又在懊恼中度过……这样的一天，怎么可能高效呢？

我有一个朋友信誓旦旦地说，要在自由职业中开启自律生活，然后没多久就在她的朋友圈看到精致的早午餐，和姐妹们逛街吃下午茶，晚上玩到半夜……生活虽然五彩缤纷，但是这种丰富的生活必然导致她没有时间工作。

果然不出所料，没过多久，她就重新上班了。

所以，要想成为自由职业者，一定要在初期就建立一套规律的生活习惯，并且按照上班族的时间，严格管理自己的工作和学习，不能有丝毫懈怠。当然周末可以适当放松。

自由不是放纵，我们需要强大的自律去保证高效工作。有了工作才有更自由的生活。

自由职业也是要适当娱乐的，但是娱乐永远是甜点，而不是正餐，否则无法称之为职业。一个人是否有良好的职业技能不在于你在哪里工作，在哪个公司就职，而在于你是否有严谨的工作态度和出色的工作成果。这些东西，是职业精神的内核，是永远不会改变的。

4 成长压力

在公司上班时，公司一般都有完整的培训系统，会定期让员工学习和进修。在工作中，因为有业绩压力，同时还在和很多优秀的同事竞争，便会自觉精进自己，提升能力，想方设法学习新的知识，以此增强自己的竞争力。

当你成为自由职业者，脱离了公司环境和社交环境，没有了竞争对手和参考对标，自己便会懈怠，很容易掉队脱节。

所以，如果想保证自己的自由职业生涯长期稳定发展，一定要像在公司工作一样，时刻保持警惕和竞争感，每天查看行业知识，定期进修学习。知识永远是最强的实力，做一个终身学习者，是一位自由职业者的基本素养。

自由职业比上班难的地方是，上班族可以适当"摸鱼"，适度的偷懒有时候反而可以提高工作效率。但是，从事自由职业，你稍微一懈怠，就会被甩出去。这个市场竞争激烈，你要不断学习，才能保持稳定的竞争力。你身后，永远有更强的人铆足劲儿向前冲。因为没有了公司背书，每个人的能力就像退潮后的沙滩，是鱼是虾，一眼就能看出来。

说得残酷一些，自由职业者，不学习，就会"死"。

我每年都会花几万元的学费，参加行业会议，进行知识密训，这样才能获得更有效的信息，学习到更新的知识，接触到更优秀的人。各行业优秀的人，都是身经百战的，经常和他们交流，一定会有很大进步。此外，我每天保持读书两小时的习惯，每年阅读的书超过百本，涉及各个领域。我始终相信，阅读各领域的书籍，了解各行业的知识，并将这些知识融会贯通，才能保持领先的地位。

5 自我心理压力

如果你连续 3 个月接不到项目，挣不到一分钱，与此同时，还要持续不断地承担生活开销，你会有压力吗？你会质疑自己吗？

之前有个学员找我做咨询，他上班时工资很高，以为自己能力很强，果断辞职，结果收入断崖式下降，前几个月颗粒无收，他便开始后悔辞职，明白之前的高工资仅仅是源于自己的公司和平台优质。

大公司的工资高，不说明个人能力强。当你投入自由职业，与你竞争的，都是各行各业顶尖的人。不做好心理准备，就贸然开始，往往会得不偿失。

  能力有时不等于工资，平台的资源不等于个人资源，大家一定要认清这一点。在工作中，尽量提升自己的专业能力，多积累属于自己的客户或人脉，多学几种技能，成为行业专家。要注重打造个人品牌，这对你成为自由职业者帮助非常大。

自由职业者怎样才能实现睡后收入？

自由职业看似自由，却没有经济保障，所以"睡后收入"变得尤为重要。

睡后收入是指，你在没有工作的情况下，还是有一定的稳定收益。睡后收入是决定自由职业能否长久的关键，没有持续收入，一旦面临风险，就只有"死路一条"。

自由职业者一定要有忧患意识，在事业稳定的时候，也要想好其他的出路。我做知识付费已经7年了，有稳定的收入，金额上整体来说也算不错。即使如此，我也一直在尝试给自己开辟新的板块，于是花费了一定的时间深耕图书出版。本书是我出版的第5本。除了图书出版，我还谈了几个平台，分销团队的课程。纸质书版税、电子书、专栏，都在帮我实现睡后收入。

除此之外，我还特意多学了几项技能，如平台运营、短视频制作、线下演讲、直播、写商稿和人物稿等。经过几年的学习，睡后收入的渠道又有所拓展，比如短视频带货、培养主播直播带货、平台文字带货、文章广告收益等。哪怕主业有波动，这些被动收益也能让我继续维持生活。

自由职业者的睡后收入，主要来自以下 5 个方面。

1 定期存款

70% 的自由职业者，最后都会选择回公司上班。资金断层、项目发展不起来，是导致他们无法持续做自由职业者的直接原因，但是根本原因，还在于资金不够稳定。所以我建议，自由职业者每个月都要存一定数目的钱，以抵抗风险。

这些年，我一直保持着存钱的习惯，赚得少，少存；赚得多，多存，每年都保证至少有 50 万元存款，这样即使有一天无法持续获得收益，存款还能够支撑一段时间。

每个自由职业者都要有忧患意识，学会未雨绸缪。没有企业兜底，任何风险都要自己承担，所以一定要做好风险评估，时刻准备好退路。

2 复利收入

什么是复利收入？就是做一件事能获得多重收益。自由职业者在选择行业时，尽量选择可以实现多重收入的行业。

我之前做过一门零基础新媒体写作课，这门课的内容汇总拓展之后，以《零基础新媒体写作指南》的名字出版。这本书出版之后，我又浓缩该书的精华，写成专栏，上架到相关平台获取收益，同时把专栏制作成音频作为网课分销；团队拆解书中精华内容后，做成短视频脚本，录制小视频，不仅可以赚取视频收益，还能带货。

这就是复利收入，用一个内容，实现多重收入。想要实现睡后收入，首先要将传统变现思维转换为复利思维，实现高效变现。

3 复制无数个你

自由职业者的本质是创业者。创业者真正想要做大，还是需要团队配合。一个人做得再好，精力也是有限的，所以建立团队非常必要。无戒学堂创业初期，无论什么事情都由我一个人完成，每天都有忙不完的工作，收入也不高。2019 年无戒传媒成立，组建了团队，培养了讲师、运营、销售、内容、策划、编辑、剪辑等专业人才，很多琐碎的事情都被分了出去。

以前需要我自己做的事情，现在他们都帮我做好了，这就相当于我有了无数个分身。分身替我做事，同样也会产生收益。1 个人做事的收益是 10 万元，10 个人就是 100 万元。这就是用钱养人、用人赚钱，形成良性循环。而我也有了更多的时间来做有复利收入的事情，如写书、写专栏、写公众号文章、写小说、录制课程等。舍得花钱请人为你做事，才能获得更多收益。

4 学习各种技能

前文已经提过,我先后学习了很多技能,这些技能最终成了我发展的核心竞争力。

这些年,我一边做讲师,一边学习。在学习上花费了几十万元,精进了各项能力,讲课、运营、直播、剪辑、策划、演讲、管理,而这些技能成了我拥有睡后收入的关键因素。

风口可能会过去,行业可能存在未知的风险,唯有自己掌握的技能永远吃香。任何时候,都不能放弃学习。

2019年简书改革之后,我与平台解约,成立无戒传媒。因为前些年积累的运营和管理经验,很快重整旗鼓,开辟了新市场;与今日头条和百家号达成合作,带着学员做商单,写青云奖文章变现。

2020年,今日头条青云奖项取消,新媒体市场不好做。我们回到了知识付费领域,但是怎么招募学员是当时面临的最大的问题。我开始学习直播,正好赶上视频号风口,去年一年,我直播近百场。

2021年,我通过视频号导流微信近万人,解决了流量短缺问题,同时学习了微博和小红书运营,开始布局全网平台,吸引了大量用户来加入我的社群,参加付费课程,购买新书、专栏、网课。

技能永远是底气,是可持续发展的关键。

5 > 学习理财

学会赚钱固然重要，规划金钱也是必备技能。每个月把你的钱分成 4 份，一份用于生活支出，一份用于工作支出，一份用于储蓄，一份用于投资。

具体投资什么？要根据你对不同行业的了解程度来决定，如投资项目、炒股、买基金。投资最重要的是要懂，不要被别人"忽悠"，如果你不懂，不建议随意投资。就像前几年特别火的比特币、现在的元宇宙，这些领域对某些人来说，的确是风口；但是如果你不懂，就尽量不要掺和，不然非常容易血本无归。

我们始终要秉承投资需谨慎的原则，如果你收入不错，可以购买一套房子，然后租出去，用租金还贷款。在有能力的情况下，这样的投资是非常划算的。

投资要有规划意识，比如你如果想在 3 年内存够 50 万，那就要从现在开始筹划怎么存，清楚每个月要赚多少，支出多少，强制储蓄多少，然后有计划地推进。无论是做事还是投资，都不可急功近利。

任何一个成功的人，都付出了比常人更多的努力。不要盲目羡慕别人能够拥有睡后收入，只要我们踏实肯干，具有复利意识，做好规划，定好目标，积累专业知识，打造行业影响力。当你的影响力扩大，自然会有更多的机会，收入渠道也会变得更多。

自由职业者如何平衡生活和工作？

自由职业者另一大困惑，就是生活与工作怎样区分。

有人成为自由职业者之后，身边的人总觉得他不上班了，有大把的时间，于是把生活中所有的事情都交给了他，导致他完全没有时间工作。还有人整天都在工作，甚至比上班的时候还要忙，完全顾不上照顾家庭，甚至当家里人打扰他时，他会变得暴躁。这两种情况对于刚成为自由职业者的人来说，都是比较常见的。

那么，怎么克服这两种困难，让自己拥有更好的工作环境呢？

以下建议可能会对你有所帮助。

1 明确表示自由职业不等于没事做

当你成为自由职业者之后，必须告诉你的家人和朋友：我在工作，尽量不要在我工作的时候来找我。为什么要这样做？因为在他们看来，在家就等于没事做，所以要反复强调我在工作，只是工作地点从写字楼变成了家而已。

我刚成为自由职业者的时候，家里人总觉得我应该承担所有家务，也应该负责孩子接送工作，还要做一日三餐。理由就是我不上班，看上去好像没事做。

但事实上，每天一早开始，我就在写稿子、备课，忙完的时候，孩子已经放学了。有时候孩子回家时，我还在忙，常常忘记做饭，所以我决定把孩子送去托管，保证我的工作时间，同时和丈夫沟通，他要和我共同承担家务。

我反复强调，我是在工作，不是无所事事。后来，家人逐渐接受了我在家工作的事实，会在生活中尽量帮我分担一些琐事。

除此之外，你可能还会遇见朋友和亲戚不定期"骚扰"。比如，你正焦头烂额地忙着帮甲方改方案，他们可能会说：反正你也没事，能帮我去接个人吗？反正你没事，能帮我去医院拿个药吗？反正你没事，能帮我照顾一下孩子吗？

面对这样的无理要求，你要明确告知他们：对不起，我现在正在忙工作，没有时间。他们可能不理解，但是你一定要这样做，才能杜绝后顾之忧。否则，你以后的全部时间都会被亲戚朋友占用。

▷ 2 了解自由职业不等于全天工作

刚开始那些年,我几乎每天都在工作,不管孩子,不管家庭。家里人对我意见很大,经常说:你能不能休息一下?哪有人一直在工作?

因为我的办公室在家里,很容易公私分不清楚,长久下去,必然会引起家庭矛盾。因此,有必要做好合理的规划,固定时间做重要的工作,留出时间陪孩子、父母、伴侣、朋友。自由职业最终是为了实现自由,如果生活里只剩下工作,还不如上班。

当时,我365天全年无休,意识到这个弊端后,赶紧对工作做了调整。

早晨和老公、孩子一起起床,孩子上学,老公上班,我也开始工作,并尽可能在孩子放学之前,完成上午的工作,陪他们一起吃午餐。下午继续进入工作状态,晚上除了上课之外,不给自己安排工作,留出时间陪孩子写作业,陪丈夫看电影。

假期的时候,我会放下所有的工作,和他们一起来一场自由的旅行。自从做了这样的调整,家里的抱怨少了很多,家庭关系更和谐了。当然也会存在加班的情况,但这时候家人就会理解你,主动帮你分担家务,让你心无旁骛地工作。

所以,如果你成为自由职业者,要记得给自己制定好时间规划表,在规定的时间内完成规定的事情。工作之余该休息时,就要主动休息,释放压力。

③ 划定自己的工作区域

有人经常问我，怎样提高在家的工作效率？在家里感觉总是被打扰，被其他事分散注意力。自由职业者的工作地点是家里，如果你是单身独居，那就没有任何问题，整个房间都可以是你的办公室；但如果你有家庭，就必须划定你的工作区域，拥有一间专门用于工作的房间。

刚开始做自由职业者，你会发现，家里几乎都是你的工作区域，文件档案四处散落，不仅对家人造成了很大的困扰，自己也非常容易受到影响。比如你随意选择了一个房间办公，可能你正在工作，有人打开了电视，你就会很烦躁；或者刚巧工作正投入，有人叫你吃东西，好不容易得到的灵感也被打断了。如果你家有个孩子，那么他更会持续不断地打扰你，使你心烦意乱无法继续工作。

于是，我给自己布置了一间书房，只在这个房间里工作，效率大大提高。划定区域的目的在于，你把家还给了家人，把工作留给了工作区。除了书房，其他地方依旧是家。工作时，直接进入书房，反锁房门，避免有人打扰；出了书房，你就是家庭里的一个成员。这样一来，家人也很自在，他们可以做自己任何想做的事。不能因为你一个人工作，家人就要跟着委曲求全。

还有一点需要注意，若想提高效率，和家人定好规矩非常重要，告诉他们尽量不要在你工作的时候打扰你。

比如，在写稿子前和家人说：我要去写稿子了，这段时间请不要打扰我。如果要讲课，我也会告知他们我要去讲课了，这段时间不能大声喧哗。时间久了，我和家人之间就形成了默契，有时候他们找不到我，推开房门看到我在写文章，就会悄悄离开。

解决了这个重要却不被重视的问题，你的自由职业之路可能会更顺畅。

▷ 4 平衡好生活和工作

一般来说，自由职业者看似自由，其实为工作付出的时间精力比上班的时候还要多，并且有非常大的可能会照顾不好家庭，所以一定要记得和家人多沟通，相互扶持。

如果你是已婚人士，取得伴侣的支持对你来说至关重要。

如果你是未婚人士，取得父母的支持至关重要。

因为他们作为我们工作的辅助人员，如果不愿意帮助我们，我们这份工作很难做得长久。自由职业者承受的压力相对较大，如果家人不支持，就会更容易崩溃。

在我做咨询的时候，家人不支持是最常见的一个问题，如丈夫不支持妻子去做自己想做的事情，她读书写作，家里人觉得她不务正业，导致她心态崩溃，然后放弃。

为什么一定要取得家人支持呢？因为自由职业压力较大，在你坚持不下去的时候，家人就是你的啦啦队，能给你动力和能量；在你经济压力比较大时，也能给你经济上的支持。精神支持和经济支持，能够保证你撑过最难的日子。如果没有人支持，多半只能放弃，回去上班。

工作不是生活的全部，做自由职业者的目的就是获得更好的生活，不要给自己太大的压力，一定要安排好工作和生活的时间。

　　怎样平衡家庭和工作？就是找到那个让自己觉得更幸福的状态。关于这个状态，每个人的标准不一样，有人更喜欢工作，有人更喜欢生活；有人喜欢在生活里找到价值，有人喜欢在工作中找到价值。需求不同，选择就不同。

　　有人做自由职业者是为了减少工作，有人做自由职业者就是为了使生活更幸福。

　　不管你选择哪一种，都是对的。

▷ 5 拒绝生活中的无理要求

　　公私分明非常重要，自由职业靠的是出卖时间赚钱，不要公私不分，否则长期下去会造成严重的内耗，导致自己身心疲惫。

　　讲个有趣的故事，我开始做自由职业者之后，很多朋友、亲戚、家人都知道我是写作者，于是经常有人找我写各种各样的稿子，发言稿、演讲稿、小学生作文稿、工作总结。除了这些之外，改作文更成了家常便饭，有人甚至会要求我辅导他们的孩子写作业。

　　刚开始，我觉得帮忙也可以，毕竟大家不会写，我帮个小忙也花不了多长时间。后来发现并非如此，帮忙的结果是越帮越忙，自己的工作每天都做不完。偶尔给他们的稿子有点晚了，他们还不高兴，觉得我不尽心。于是我决定不再充当烂好人，当他们再次找我的时候，我就告诉他们：我在忙，如果你愿意等，收费标准是这样。

你一定能想到结果是什么了，一些人认为你竟然还收费，一边骂你一边离开，之后再也不会来找你。

还有一部分人愿意为你付费，于是你就多了一笔收入，因为是朋友，你可以给他们优惠，却绝对不能免费。毕竟你的时间宝贵，收费才是长久之计，也有利于之后工作的展开。如果这些付费的朋友非常满意你的服务，也可能再介绍朋友给你，这样渐渐就形成了口碑。任何关系中，不内耗的关系才是最好的关系，也最能长久。

自由职业者，一定要珍惜自己的劳动成果和时间。公私分明不光体现在生活中，更要体现在工作中。这是对你的尊重，也是对你职业的尊重，只有这样你的事业才能越做越大。

"平衡"这两个字经常被人提起，到底什么是平衡？并不是说生活一半、工作一半就是平衡，而是在家庭关系中，大家都觉得这是合理分配，这才是平衡。

我们不能要求一个整天忙于工作的人还要承包所有的家务，也不能要求一个任劳任怨做家务带孩子的人，还要承担家庭的所有收入。

没有人是万能的，每个人做好自己能做好的事情，共同为美好的生活做出贡献，这就是平衡。只有真正理解了平衡，才能找到平衡工作和生活的方法。

Chapter 02
第 二 章

打造个人品牌：
探索可持续变现的模式

方向定位：确定你要从事哪个行业

古人云，男怕入错行，女怕嫁错郎。而在现代，无论男女，都怕入错行。选错行业的结果只有一个，那就是失败。我曾4次创业失败，根本原因在于我选择的行业不适合我。

很多人过于理想主义，比如很多女孩都曾幻想拥有一家属于自己的花店、奶茶店、咖啡店、服装店。文艺青年更青睐开一家酒吧、一家青旅、一家书吧，这些行业之所以是很多人的首选，并不是因为自己擅长，大多数是为了圆梦。很多人的确这样做了，但是多数都以失败告终。

失败的原因是什么？

（1）对行业不了解，完全凭借自己的喜好做事。

（2）毫无经验，不断踩坑。

（3）投资较大，前期不赚钱，后期资金跟不上。

（4）没有消费者，没有营销策略，入不敷出。

（5）缺乏管理经验，突发事件无法处理。

（6）盲目入局，缺乏调研和市场分析。

那什么行业才是正确的选择呢？

1 选择你有积累的行业

像前文提过的，如果你原先在公司做财务，你对财务很了解，你的行业可以选择财务咨询、代报税务等；你原先在一家影楼做摄影师，你可以做私人摄影师、跟拍或者旅拍，还可以做摄影博主、拍视频、做摄影知识课程等；你原先在美容院上班，那么你可以低价约老客户找你做美容，有了这个客户基础，很快就能有进账。我写作一年之后，月入过万，便决定辞职做自由职业者。我有原始的经济积累，同时又开办写作课，通过前一年的写作积累私域流量，一切顺理成章，自然可以做起来。

2 不要选择投资过大的行业

一般来说，刚开始从事自由职业，不建议做投资过大的行业，因为缺乏经验，容易失败。这个失败可能会搭上你全部身家，得不偿失。

我曾经在2013年做了一个项目，投资几十万元建了工厂，打算大干一场。结果厂房因为违建被拆，几十万元打了水漂。我很长一段时间都无法从打击中走出来，钱没有了，希望也没了，自信心被摧毁了，我陷入了长久的自我怀疑中。

我闺密之前要做自由职业者，想开一家咖啡馆，把她妈妈给她的嫁妆和自己的储蓄都投了进去，结果因为店的地理位置不好，人流太少，做出来的咖啡味道也一般，再加上还雇了一位员工，开销过大，支撑不下去了，最终关门。

所以刚开始做自由职业者，一定不要选择投资较大的行业，风险过大，失败的代价太大。

3 > 选择零成本或成本低的行业

如果无法确定你的方向和行业，你可以考虑去做一些零成本的事情，如网络直播，代销别人的产品赚取差价；分销别人的产品，做推广，赚取佣金；在平台写文章，赚取稿费和平台分成等。

没有过硬的专业技能、没有积累、没有特长的你想做自由职业者，可以先从上面的行业开始做起。在做的过程中找到自己的兴趣所在，并学习与之相关的技能，后期把你学习的技能作为你的职业方向。

有的人在行业里已经有了属于自己的影响力，受到很多人的认可，有自己忠实的用户。对于这些人，我建议选择与自己专业相关的行业。自己擅长的行业，做起来更容易。

就像知名大 V 秋叶大叔，很擅长做 PPT。他入行做自由职业者时就从 PPT 培训开始，积累了一大批粉丝，这两年开始转型做他更擅长的个人品牌。先做本行业相关的内容，后续转型也是个不错的选择。

视频号大 V 胡明瑜老师以前是电台主持人，入行自由职业者，选择的是主播和短视频制作，在很短的时间里，就做出了上亿播放量的短视频，这就是把专业作为自由职业方向的优势。

4 选择适合你的行业，而不是赚钱的行业

很多人看到别人做生意很赚钱，就以为自己也可以，可是他不知道，那是人家的专业领域却不是自己所擅长的。每一个赚钱项目都适用于特定的人群，并不适合所有人。就拿葡萄园来说，我们老家有人种葡萄，一年收入几百万元，可是我自己却失败了。我忽略的问题是，种植是人家的专业，我不擅长；他们有雄厚的资金支持，我却没有；他们市场定位清晰，我靠的是头脑发热。所以这些年，经常有人给我推荐赚钱的项目，我基本拒绝，因为我不懂，所以会远离。永远在你自己的专业领域发光发热，你才具有核心竞争力。

这两年我一直在写小说，虽然身边很多人靠做自媒体写作赚了不少钱，但我始终坚持写小说，原因是我擅长写小说。学员里就有很多人，目标不明确，人云亦云，看别人写啥赚钱他也会赶紧去做一下，不停地变换赛道，结果别人都到终点了，他还在起跑线上。有人内向不爱说话，但擅长写，那就踏实写作，不要总羡慕别人直播赚钱。去赚你赚起来好赚的钱，而不是去赚别人赚起来好赚的钱。

5▷ 了解国家政策和扶持方向

这一点非常重要,国家扶持什么,你就做什么,一般都是对的;而国家反对的项目,坚决不能做。做任何事情之前,必须调研,这样能够避免不必要的损失。我当初建立的厂房被拆,就是因为在农业用地上盖了工厂,这是不符合政策的。

就像教培行业全面整改,这个行业肯定不能再入坑了,现在大家都在做家庭教育指导师,原先指导孩子变成现在指导父母,这个方向肯定是有市场的。

6▷ 坚持把一件事做到极致

你想什么钱都赚,什么都抓,到头来大概率会是一场空。专注做一件事,并且把这件事做到极致,成为专家才是正途。

任何成功都要靠坚持,我之前 4 次创业失败,除了一些客观原因之外,还因为每件事情我都没有坚持到两年以上。但是,写作这件事,我坚持了 7 年,如今出了几本书,也有了属于自己的读者群体和影响力。

想要把一件事做成功,必须学会坚持,真正的成绩可能需要 3 年以上才能显现,但很多人根本坚持不了 3 年。如果选择了你想要做的行业,一定要做好心理准备,前期可能没有收益,但是当你想放弃的时候,就想一下,可能同行和你一样,也快撑不下去了。这个时候,谁还能坚持,谁就是胜利者。

不论是写作还是做讲师，中途放弃的人数不胜数，但是哪怕不赚钱，哪怕很艰难，我都会坚持。挺过那些艰难的时刻，自我怀疑的时刻，毫无信心的时刻，你会发现你不知不觉已经成功了，你想要的都有了。

所以你只管努力，不用太在意结果，只要做得足够好，坚持得足够久，你想要的都会实现，比如出书变现、加入作协、作品畅销，这些我曾经渴望的，现在全部都得到了。

7 > 擅长和喜欢的行业怎么选？

有人虽然擅长一些行业，但是对于这些行业算不上喜欢，只是当成一份工作而已。成为自由职业者之后，想放弃原本的专业，去做喜欢做的事情，可以不可以呢？

我们社群有一个小伙伴是律师，他想做自由职业者，因为他喜欢写作，所以想选择的行业是写作。其实这并不是一个明智的选择，遇见这种情况，我们到底该怎么选呢？我的建议是用专业养活梦想，这是最好的方法。

平时可以做与法律相关的行业，赚取费用，有了钱就可以安心创作，还收集了素材，两全其美。

就像我，职业是做写作课讲师，用做讲师赚的钱养活自己的小说梦。这样的话，我的梦想能够存活的时间更久一些，也更纯粹一些。

把喜欢的事情作为职业，也是自由职业者的终极目标，我们逃离原来的工作方式，不就是为了能去做自己喜欢做的事情吗？先确定这个终极目标，然后采用最保险的策略或迂回战术去实现它，用暂时的妥协换取长久的不妥协。

怎样确定自己的行业方向？总结如下。

（1）你最有积累的行业是什么？

（2）你的专业方向是哪个领域？

（3）你擅长的技能是什么？

（4）哪个行业投资较少？

（5）你喜欢的职业是什么？

（6）哪个行业你能坚持最久？

写出以上6个问题的答案，你就知道自己的行业方向是哪个了。

市场分析：谁会为你的技能付费？

不打无准备的仗，方能立于不败之地。进入一个行业，一定要了解市场，并且明确自己的发展方向，做好规划。任何头脑一热的决定最终都会以失败告终。一位自由职业者，首先要解决的问题，是怎样拥有可持续收入。

很多人以为自由职业是世界上最幸福的行业，其实这是一个误区。每一位自由职业者，都承受着巨大的生活压力。在公司上班，你可能只需要负责某一项工作，而自由职业者，你必须全能。这两年特别流行一句话：一个人活成一个团队，这并不是夸张的说法。

为了获得真正的自由，你必须解决的问题之一，就是了解市场，并且搞清楚你所选行业的市场前景。在开始做自由职业者之前，做好市场分析是非常有必要的。

上一章节讲到根据你所擅长的专业方向，确定自己要选的行业，在此时就显示出其重要性，因为对于自己熟悉的领域，做好市场分析并不难。

分析目标用户的需求，满足用户需求，能够确保我们的产品有可持续发展性。就拿现在的知识付费来说，受前两年的疫情影响，很多人涌入知识付费赛道，看别人动辄年入百万、千万，自己做起来却困难重重。

其中的原因在于，获得更高收益的人了解用户需求，会根据用户需求设计出适合用户的产品，因此用户愿意买单，当然可以赚钱。什么样的产品是用户需要的产品，需要用数据来证明，不能凭想象。

设计产品不是根据个人喜好，而是根据目标用户需求而定。了解了这一本质，对于我们设计产品会有很大的帮助。

那么，怎样找到我们的目标用户？

1 > 明确我们的产品卖给谁

了解目标用户群体，根据用户消费水平策划出不同价位的产品是第一步。之前我了解过一位老师的课程，一年学费17万元。很多人看到这样的价格，一定以为这样的产品是没有市场的，恰恰相反，他的课程卖得非常火爆。为什么呢？因为他的目标用户是企业老板，这个群体一般来说都不缺钱。除此之外，能够花17万元报名课程的，必然在市场上都有自己的资源。

他们课程的优势在于目标用户群体定位清晰,而且能够给用户提供一个高质量的圈子,即使在这个社群里产品交付略差一些,但是这个圈子资源对于很多老板来说,收获远远高于付出的学费。这就是这位老师的聪明之处,当然只有这两点是不行的,作为老师你也必须专业、有口碑和影响力。

了解目标用户非常重要,因为所有人都永远只能服务一部分人,不可能把所有的生意都做了,因此,在确定产品价格的时候,根据你想要服务的人群进行设定即可。

▷ 了解用户对产品的需求是什么

以知识付费行业里写作培训为例进行分析,怎样确定用户的需求呢?写作培训包括文案培训、脚本培训、剧本培训、写作基础培训、新媒体爆款文章培训、小说写作培训,以及公文写作等方向。这么多的领域,你需要选择一到两个领域作为你的方向,不能全做。只有细分领域,才能找到精准的目标用户,根据目标用户的需求设计产品。

如:我们选择的是小说和故事培训领域,那么这一类用户的需求是什么呢?经过调查发现,60%的用户写作是为了出版,完成梦想;30%的用户是为了通过写作赚钱,成为自由职业者;还有10%的用户,并不明白为什么要写,只是单纯喜欢创作。

那么我想要设计出有市场的产品,一定要围绕出版和变现这两个目标进行设计。只有帮助用户达成目标，你的产品才有市场。

3> 怎样策划出用户愿意买单的产品和服务？

我们在实体店购买产品的时候，经常遇见服务人员拿一张产品反馈表格给我们，希望我们可以提出建议和写下对产品的反馈。我们在做产品的时候，这个调研也一定要做的。一定要用数据说话，更好地了解用户需求。

比如我们做的短期课程，在开课之前，都会让大家写下最想听的主题。把这些主题整理出来，针对大家的需求设计课程内容，这样的课程确实比平时没有数据支撑的课程更有市场。

这就是市场调研的必要性。

4> 用户为何要选我们的产品？

做好产品和服务只是第一步，因为不管哪个行业，都会有同类型的产品，那么就要思考，你的核心竞争力是什么？这才是用户买单的关键点，不是你的产品好，大家就会买单，而是你能够给大家一个购买你的产品而不是别人的产品的理由。

产品的竞争力一般来源于以下4个方面。

（1）个人魅力。就是我们现在所讲的个人品牌，很多用户购买产品，买的不是产品，而是对这个IP的信任。因此想要你的产品有市场，你在市场中必须有一定的影响力。

（2）产品的稀有性。你的产品与同行相比更有价值，更能满足用户的需求。比如你的资源、你的信息、你的渠道、你的服务在同行业的产品中是稀缺的。

（3）服务与口碑。产品的服务和口碑对于用户来说是最重要的，无戒学堂能在市场上存活，核心竞争力就是服务和口碑。我们很多新学员都是老学员介绍过来的，我们的服务被学员称为写作界的海底捞，这也是大家选择我们的缘由。

（4）创新与价值。任何行业，只要你的产品出来，就会有相同的产品立刻出现，如此竞争就会激烈，用户的选择性也会变多。因此在策划产品的过程中，创新是你的制胜法宝。这样不管谁抄袭你的创意，你都能够立刻设计出更专业、更有趣、更适合用户的产品，这样你才能成为常胜将军，才能不断地在市场上脱颖而出。这些年，我们的课程模式一直被抄袭，但是并不妨碍我们持续发展，因为当我们的产品出现同类复制品后，我们就会对自己的课程进行迭代升级，策划出新的课程。

当你的产品具有唯一性、稀有性，同时具有口碑和专业性的时候，用户当然只会选择你的产品了。

产品不仅仅指的是实体产品，我们提供的服务，也属于产品范畴。

不管是实体产品还是虚拟产品，或是为用户提供服务，你都要了解用户想要的是什么，针对他们的需求，帮助他们实现目标，你就赢得了市场。

⑤ 根据市场变化,不断迭代你的产品

顺应市场规律非常重要,紧跟市场风向,不断迭代产品,具有超前学习理念,对于一位自由职业者来说,是非常必要的。故步自封的结果只有一个,就是最终被市场淘汰。

做写作培训这几年,我深刻感受到市场是千变万化的,找到那条可持续发展的道路并不容易。

2018年,今日头条推出青云计划,很多作者通过写作实现了变现,一大批作者涌进头条,针对青云计划的培训也应运而生,很多培训导师吃到了红利。可是2020年,青云计划终止,这批导师中有很多人就因此失去了维持生计的能力,被市场淘汰。有些人想要转型,但是用户并不买账,自由职业道路在市场变化的那一刻只能从头开始,无法适应这种变故的人只能退出这个行业。

除了新媒体写作培训相关行业之外,还有前些年一直爆火的书评、影评变现,爆款热点文写作等,市场也逐渐弱化,淘汰了一大批人。

而我们在风向变化之前,已经找到了新的方向——小说领域培训方向。因为对市场进行过分析,知道网文和小说市场始终稳定,在小说领域,作者不会因为一个平台的消失而消失,具有可持续发展性。细分领域,让我们在夹缝中生存了下来,并且越做越好。

自由职业者,不仅要做好市场调研,还要掌握市场规律,能够在第一时间根据市场变化对自己的产品做出调整。

除了找到目标用户,以及要及时策划出新的产品之外,我们还要

时刻掌握市场风向，居安思危，提前布局，具有忧患意识，才能让自由职业之路更为顺畅。

产品研发：策划出你的产品和产品体系

根据市场需要及客户需求，策划出可持续变现的产品，非常重要。

产品决定着自由职业的寿命，很多自由职业者重回职场的原因，大多是无法获得足够的收入养活自己。这是现实问题，我们必须考虑。

上个章节，我们已经分析清楚了哪些客户会为我们的产品付费，那么接下来我们就需要考虑怎么设计出他们需要的产品。

产品不仅包括实体产品，同时还包括你的服务、你的时间、你的专业指导，以及陪伴等，这些都可称为产品。

不同行业，可以根据市场需求设置不同的产品以及产品体系。

以我所做之事为例，进行产品体系拆解。

我是一名写作者，我的产品有写作课、阅读课、个人品牌课，同时设有咨询服务，包括写作咨询、写作答疑、写作方向指导、出书指导等服务。也有实体产品,如笔记本、笔、明信片、书签等,最重要的实体产品就是我出版的书。当然我们还承接各种文案,如脚本、剧本、广告词、个人品牌故事、公众号文章,以及产品推广文案、朋友圈文案等的撰写。

根据我的产品体系,可以发现,产品是多维度的设计,主要包括专业服务、实体产品、咨询服务。

确定了产品设计方向,接下来进入产品设计阶段。

产品是服务于市场的,我们必须在产品投入市场之前,先测试是否有人愿意买单,以及客户的满意度。

不管你选择的是什么行业,这个方法都同样适用。

目前比较火的自由职业大概有这几大类:自由撰稿人、商业顾问、健康顾问、心理咨询师、形象顾问、法律顾问、理财顾问、摄影师、编导、剪辑师、知识付费导师、演讲教练、主播、家庭指导师、文案创作者等。

不同赛道,设计产品的方向不同,但是产品体系设计思路大同小异。

一般来说,产品体系设计大概分为以下 3 种类型。

1 知识产品体系设计

知识产品卖的不光是产品,还有产品人,就是我们常说的 IP。

很多自由职业者,刚开始做知识付费,虽然策划了产品,却发现没人买单,原因在于 IP 影响力不够。在开始销售产品之前,产品人需要提升个人 IP 的影响力和专业度。

因此在推广产品之前,不要着急上几百、几千元的课程,可以先推引流产品。

(1)引流产品(1～9.9元)

引流产品的目的是让客户了解你有什么,你的专业度如何,你的客户是否和你理念相同。一旦引流产品赢得了口碑,你的长销产品和盈利产品销售就会比较顺畅。

产品卖的不光是知识,还有认可和信任。

不要觉得价格低,就敷衍了事。你的引流产品的服务,决定着你的客户对你其他产品的信任度,以及对你专业的信任度。

(2)长销产品(229～599元)

长销产品周期短,销售相对容易,物美价廉,容易卖出爆款。

作为公司的招牌课程,你同样要做好产品和服务。长销产品决定着你更高端的产品是否有人买单。一般来说,更高端的产品的客户都是被你的长销产品吸引而来。

(3)明星产品(3000元左右)

明星产品卖的不光是产品,更多是人脉或者独一无二的资源。比如我们的明星产品除了产品和服务之外,还可以帮学员签约平台,推荐上架电子书等,这是独一无二的资源,也是大家需要的资源。一旦签约作品足够多,后期有了案例,产品成为爆款是自然而然的事情。

(4)盈利产品(20000元以上)

盈利产品主要面向比较高端的用户,必须帮助客户达成目标,超预期交付才能做得长久。

一般盈利产品，必须解决客户的实际问题：帮助他赚回学费，获得想要的资源，得到专业指导，打造出影响力，甚至共享流量等。

（5）口碑产品（50000元以上）

不管做什么产品，重点是做出案例，而口碑产品，就是为了做出案例，如帮助学员出版一本书。

从指导写书，到签约出版，再到最后打榜营销全面服务，完成作者的出版梦想。如果学员完成目标，自然满意你的服务，他就可以成为你的明星案例。而明星案例会形成好的口碑，有利于你长期做好这件事。

以上产品体系，是建立在你整个流量生态完善的情况下，假如你刚开始做产品，甚至没有IP，就一定要踏实做好长销产品，为后续做高端产品做好准备。

产品设计同样非常重要，不光体现你的专业性，同时要精准解决用户需求，要精益求精，不断迭代和升级。不要以为产品卖出去就够了，而是要不断优化自己的产品。知识付费圈子竞争相当激烈，如果我们原地踏步，一定会被淘汰。

▷ 顾问服务体系设计

顾问服务，适合有专业知识，但是不想组建团队，就想自己单干的人。顾问收咨询费用，可以面向C端，即个人用户，向个人提供服务产品；也可以对接B端，即面向企业或者商家，为他们提供服务。

你的客户可以是个人，也可以是企业。

顾问的服务体系举例如下。

（1）半小时的咨询（19.9元一次）

做顾问，赚钱不是目的，打造专业影响力和口碑才是关键。

可以先用低价咨询引流，截图客户评价。当你积累了足够多的好评时，就可以逐渐提高价格。产品的价格取决于产品人的专业性，口碑越好，评价越高，影响力越大，咨询费用越高。

（2）2小时的定制服务（千元一次）

当你拥有足够的影响力的时候，可以策划一小时或者两小时的咨询服务。例如，我之前购买过一位导师的个人咨询服务，3500元两个小时。她会提前收集你的资料，帮你做计划；做好计划后把方案给你，根据你对产品的异议进行沟通；咨询结束之后，还会安排团队对她所制订的计划进行一个月的跟踪服务，确保你顺利实施你的计划。

看似两小时3500元的收费很贵，根据她所提供的全套服务来看，其实很划算。

（3）企业咨询顾问（按照项目收费）

顾问不光要服务于个人，更要服务于企业，服务企业的好处在于收费较高且比较稳定。比如我是一家出版社的营销顾问，这个合同是3年时间，那么在这3年里，我只要服务3家企业就能养活自己。

企业项目的时间有长有短。要学会和企业搞好关系，尽量长久合作，才能够保证我们长期有收入。

（4）专业指导顾问（按时间收费）

除了以上形式的顾问之外，你还可以选择按时间收费的专业指导顾问。比如服务一个月、三个月、半年、一年等。比如我们曾经指导一个读书博主搭建社群，只用了一周的时间服务就完成了；曾指导一个线下培训机构转型线上，做线上课程，服务周期是半年。根据项目所需人力、物力报价，确保帮助客户达成目标，实现双赢。

（5）私教顾问服务（以年为单位收费）

当你拥有了足够的影响力和口碑，就可以策划私教服务。帮他人复制你的模式，完成产品搭建，培养专业能力，实现变现。

当你有足够多的咨询订单时，还可以根据实际情况分发给你的私教学员，让他们分担一部分工作任务，既是锻炼，也能有收入。这样在你不用招募团队的情况下，你也能长久地做下去。一个人的力量是有限的，你培养的私教学员，不仅可以帮你做咨询，获得持续收入，而且可以通过实战练习提高他们的专业技能，最重要的是可以帮你承接一部分业务，这样不管前端有多少咨询的服务订单，你都可以通通吃下。

在咨询服务这个体系里，私教服务是必不可少的，只有你裂变出足够多的你，才能承接更多的业务，但是如果你要招募团队，这就是很大一笔支出，而且风险极大。

3▷ 实体产品的体系设计

除知识和服务之外，还有实体产品体系。实体产品同样需要设计产品体系，有完整的产品体系，能够帮助公司尽可能地提高销售额。

自由职业者自创品牌的并不在少数。我们怎样把品牌打出影响力，如何让我们的产品受到客户的青睐，是必须考虑的事情。

怎样给产品定价？不同价位产品的营销方案怎样策划？实体产品体系遵循什么原则设定？这些问题想明白，产品才能更好地变现。

自创品牌不二酱主营产品是各种酱和茶。按理说这种产品并不稀奇，市场竞争很大，想要做起来很难，但是这个品牌利用线上营销硬是杀出一条血路。不二酱品牌创始人分享过产品体系设定的方法，在此分享给大家作为参考。

（1）赠送小样，试用品

想让客户信任自己的产品，前提是你要让客户知道、了解你的产品。不二酱的打法是和一些新媒体大V合作，将不二酱的小样作为粉丝福利发放。

这让不二酱的品牌得到充分的曝光，起到了传播的作用。实体产品做试用品很有必要，这可以让客户直接感受到你的产品到底好还是不好。产品若是真的好，一定会有订单，这时你推出长销产品自然会带动营收。

（2）长销产品价位适中，适合大众

不二酱的长销产品是瓶装不二酱，受众广，价格低，容易销售。

作为主推产品，这一产品自然销量也是最好的。虽然利润不大，但是可以有效扩大品牌影响力，提高全系列产品曝光率。

在做产品体系的时候，一定要设置长销产品，它的特点是价格低、容易卖成爆款、好出单。

这个产品不为赚钱,主要是为宣传品牌,以及扩大品牌影响力。

(3)充值会员,重点推荐

当产品通过小样和长销产品获得用户信任之后,就推出超级会员,充值 500 元即可成为超级会员,名额限额,而且有超级福利。不二酱还设置了会员日,在会员日,品牌会员可以以超低价格购物,同时享受分销权利,不仅可以买产品,也可以卖产品赚取零花钱。

除此之外,不二酱还为会员提供超级人脉社群,用行业大 V 秋叶大叔作为背书,合作共赢。每年轻松实现会员新增人数超过 500 人的小目标。

除了产品本身之外,有附加福利,就会比同行更具竞争力。

此模式完全可以学习和复制,是新型线上实体营销的非常好的案例。

(4)高端产品,实现复购盈利

推出高端产品"桂脉金花茶",包装精致,价格定为 398 元。不算太贵,而且产品做得很用心,很多人买来送礼,复购率高。

无论你做什么品牌,必须有高端产品,高端产品才是你的盈利产品,其他所有产品都是为了帮你更好地打造品牌,实现客户对产品的信任,带动销售。

(5)爆款产品,全力推广

产品体系中最重要的一个产品是爆款产品。不二酱品牌推出的爆款产品是虾米鲜椒酱。这款产品在会员日有折扣,平时营销作为重点产品推广。爆款产品一般都是推出来的,很少有自然产生的。

你想主推哪款产品，就要学会围绕这款产品做营销，当销售量达到一定数据时，可以将数据再次作为宣传点营销，直到大家听到这个品牌就一定会买这个产品，爆款产品就打造成功了。

爆款产品的特点是价格相对亲民，又有一定利润，同时产品质量有保证，能够代表品牌的实力。

以上产品体系只是案例分析，你可以根据这个模式策划属于自己的产品体系。除了我分析的这3种形式，当然还存在其他的形式，比如作家作为自由职业者，他能够提供的服务有写书、写专栏、写广告、写剧本、写软文等。

无论你选择哪个行业，记得在策划产品体系之前，把你能做到的服务全部写出来，围绕你的专业，以及你所擅长的领域进行商品策划。

产品策划要遵循人无我有、人有我优的原则。

所有的产品要以满足客户需求为目标，不能以赚钱为目标，只有这样才能可持续发展，做到不销而销，形成口碑，做出品牌。

专业知识：用专业知识打出影响力

在一个行业能不能做得久，主要看你的专业知识是否过硬，专业代表实力，同样是持续发展的核心竞争力。

自由职业有着很大的不确定性，想要长久发展并不容易。这些年做自由职业者，我亲眼见证很多人被市场淘汰，没有足够的收入，不得不再次回去上班。

就拿我现在所做的写作培训这个行业来说，和我同时进入这个领域的老师90%都已经消失不见了。我做过分析和调研，大部分是因为后期招生困难，没有收入支撑，只能另谋出路。

为什么有人越做越好，有人最终黯然退场？根本原因在于产品能否满足不同时期的用户需求。

仍以写作培训导师为例，有些导师到后期无法开发出新的课程以满足更高端的学员的需要；有些导师沉迷于当下的成就，没有持续学习，没有长远的目标。第一波流量吃完之后，自然没有了市场。

居安思危是每一位自由职业者必须做的事情，只有持续曝光，持续输出内容，才能在这条路上越走越远。例如，在成长的路上，我给自己制订了一个计划，无论多忙，都必须留出时间来写作。作为一个写作培训讲师，作品就是我专业知识的体现，我只有不断输出好的作品，才能被大众认可。除了写作之外，我这些年一直在学习各种文学专业的相关知识和一些新的技能，用更专业的文学知识引导学员一起成长和进步。

不管做哪个行业，永远不要忘记学习，不断精进专业知识，才能更好地适应市场的变化。

2016年之前，我一直背靠简书平台，2019年我和简书平台解约，那我依靠平台获得的认可就几乎是一无所有了。但在与简书解约之前，我其实已经和今日头条、百家号签约，并开始与MCN公司合作。离开简书，其实只是把业务转移到了另一个平台，对我的影响并没有太大。2020年，今日头条取消青云计划，很多作者放弃经营头条，此时我们刚好再次调整业务，将以培训小说写作基础等作为我们的新方向。

这个调整让我们找到了自己的核心竞争力，做了写作培训导师这么多年，我的团队一直没有明确的标签。经过调研发现，小说培训导师相对较少，而我又是小说作者，把方向从新媒体转向小说更符合我们的发展方向。

这次的转型帮助我们在市场上获得了一席之地。

而我持续创作小说作品，持续深耕我的专业，对外来说更具有说服力。

有很多导师开始做课程之后，就放弃了写作，将培训作为主业，直到失去所有学员的那天，可能还未找到自己失败的原因。如果导师不能再输出内容，也就失去了专业的说服力，谁还愿意跟着你学习？

在新媒体时代，想要在行业里真正有一席之地，你必须利用自己的知识打造品牌影响力。

那么，怎样通过专业知识打造影响力呢？

1▷ 持续输出专业内容

作为写作培训导师，我坚持每年写两部小说，坚持日更写作。坚持做一件事7年，对于很多人来说就是一种榜样，同时小说能够成功出版，获得读者认可，使我的专业技能更具说服力。

不管你选择哪个行业，都要持续输出内容。假如你是摄影师，你要每天输出好看的照片；你是咨询顾问，每天要输出咨询案例；你是心理咨询师，可每天提供一些心理疗愈小知识；你是健康顾问，可每天分享健康小知识。持续输出内容不仅可以保证自己的专业知识不会退化，更可以让更多的人看到你、喜欢你、信任你。

② 持续做高质量的分享

持续做高质量的分享,非常有利于打造个人品牌。

新媒体圈子里有个行业大V叫剽悍一只猫,大家都叫他猫叔,2016年11月,猫叔在"一块听听"做了一场6.5万人收听的付费分享,他的影响力从那天开始迅速增长。

分享是最直观的让别人了解你的方式,同时它产生的复利效应是非常大的。

以猫叔的分享为例,那天的分享听众有6.5万人,相当于有6.5万人不仅知道了猫叔这个人,还为他的内容付了费。第二天,网络上铺天盖地的分享复盘再次形成影响力,这种复盘影响的人会更多,粗略估计可能有几十万人,因为一篇文章的阅读量可能就有几百、几千,甚至几万。

分享结束后,他原来的分享收费由1元钱涨价到6.6元钱,即使这样又卖掉了近5万份。通过做一场分享,他便成功实现了影响力破圈,之后再推出付费产品,自然更容易获得用户的信赖,业绩增长是顺理成章的事。

从之前的社群分享到平台,再到现在的直播分享,很多人通过分享达到了品牌曝光和扩大影响力的目的。我2020年开始坚持在视频号直播,到现在为止播了240场。有时候观看直播的人数上万,有时候几百,有时候几千。数据并不是很稳定,但是通过直播分享,我获得了很多机会,如图书出版的机会、合作的机会,以及课程销售额成倍增长，影响力也进一步扩大，不管是卖书还是卖课，销售额都呈增长趋势。

我们要抓住每一个分享机会，我之前去很多大V社群里做分享，有很多人非常喜欢我，分享结束之后，直接下单我的课程和书。

如果你的影响力不够大，一定要多做分享，在能曝光的地方多多曝光。你不光要有才华，还要让你的才华被大众看到，这样你的专业知识才有用武之地，能够帮助你升级品牌，让你的自由职业之路走得更远。

3> 超强的学习力

自由职业不是光有专业知识就足够了，如果你不会做销售，不会做服务，不会做分享，想要存活下去同样艰难。自由职业者相当于自己给自己打工，你需要挣钱养活自己，这并不是一件容易的事情，你要想在自由职业这条路上走得更远，就必须让自己变成全才。

你既是销售，又是产品人，还是财务。不同行业，对于各种能力的要求不同。

比如我做的这个行业，我不仅要会讲课，还要会卖课、会写文案、懂平台规则、会写文章、剪辑视频、剪辑音频、直播卖货、引流、做客服、做咨询等。

若是这些技能你不会怎么办？只有一个方法，那就是学习。

对于从事自由职业的人来说，学习是日常必备的技能，一定要持续学习，不断成长。

例如，刚开始你学习做视频的时候，会觉得非常难，那就可以选择一个简单的方法，比如报一个剪辑训练营，学习＋实践之后，就会发现好多事情是会者不难，难者不会。

除了学习我们创业路上必备的附加能力之外，同样要不断地升级自己的专业能力，如系统学习大学相关课程，坚持每年看一定数量的专业著作，听讲座，补充自己的知识库，才能让自己的专业技能始终保持在最佳状态。

④ 写一本你专业的书

出书是最能彰显你专业水平的途径，写书需要系统地梳理自己的专业知识，让知识形成体系，这对很多人来说难度不小。但是一旦真的梳理完成，对于作者的成长帮助非常大。

写专栏和写书，对于扩大影响力是很好的方式。

写书虽然不能赚很多钱，但是成本低，传播周期长，覆盖面广，更重要的是能证明你的专业性。

写一本好书，就相当于有了一块招牌。读者看到你的书，就能了解你的能力，如果书的内容对他有价值，他就会信任你，从而有很大可能会成为你的客户。

在我参加的一个社群里，有很多新媒体行业大咖，他们都是通过出版爆款书和畅销书来开启自由职业之路。

我认识一位演讲教练叫于木鱼，她之前在一家公司做演讲教练，在上班期间，她写了3本关于演讲的书，并且连续两年登上当当影响力作家榜。很多人通过她的书认识了她，也因为书的影响力，她获得了更多的机会：企业合作，特聘教练，于是她决定从公司辞职，开始自由职业之路。

在离职之前，她已经积累了属于自己的影响力，所以她的创业之路比起别人更容易，加上她的专业背书，很快就在市场上获得了一席之地。

2021年，我有3本书上架，之后影响力成倍增长，不仅获得了老学员们的认可，还有很多读者通过网络搜索到我们的信息，添加我们的微信。之后还收到高校邀请，参加作家走进校园活动，2022年被福布斯采访，全网报道。

这都是专业知识带来的影响力，这种影响力证明着你的实力，有利于你长久的发展。合作的机会越多，专业背书越多，你的价值越大，持续发展力越强。

利用专业知识打造影响力，是每个自由职业者必不可少的功课。

新媒体时代，人人都是品牌，人人都需要影响力。不仅要有专业知识，还要懂营销，专业和营销相结合更容易获得长久的发展，也更容易脱颖而出。

提前布局：探索可持续发展模式

　　自由职业者能不能走得远，取决于你对于未来的规划，以及布局。鉴于自由职业者的属性是自己为自己负责，因此要有危机意识，牢记一个词"居安思危"。不是你现在有业务，就代表你以后持续会有业务，只有探索出可持续发展的模式，你的自由职业之路才能走得长久。

　　做计划，提前布局，是每个自由职业者一定要做的。

　　在短期内要做什么，长期发展要拿到什么结果，我们都要心中有数。经济基础是自由职业之路能否持续下去的根本。我们需要考虑营收，同时考虑我们如何实现这个目标。

　　在布局时，我们必须考虑以下问题。

1 谁会为你的专业付费

这个问题，我们在前面章节讲过了。虽然你知道你的受众群体是谁，但是你如何找到他们？通过什么途径让他们认识你并愿意为你付费？这些问题你必须找到解决之法。

例如，无戒学堂是做知识付费的，搞写作培训。我们想要解决招生问题，首先要找到目标用户，同时让用户认可我们，最终购买课程，实现闭环。

在 2019 年创业初期，我曾经给团队讲过，我们哪怕把赚到的钱全部投出去，也要把平台做起来，来解决后端流量问题。

我们花了大量人力物力在各个平台发布写作相关内容，这样可以得到精准用户，然后通过活动引流，在社群之中展示专业性，提供超值服务。

因为这个布局，我们社群人数不减反增，课程报名人数一直在持续增长。

假设你是一名编剧，你需要找到你的用户，即影视公司，为他们提供服务，即写剧本。我有个朋友是做编剧的，她这些年加了 400 多个编剧群，很多还是付费加入的。社群里经常有人发布一些单子，这样她就可以持续接单，一年营收有 50 万元左右。

找到为你付费的用户、合作的伙伴，而且是每年都有新的用户，新的出路，你的路才能越走越宽。

2 设计你的发展路径

一开始就做好计划,设置好成长路径,坚持每年做一件重要的事情,在短期内实现自己的小目标,非常重要。

以你想成为自由撰稿人为例,成长路径可以这样设计。

① 第一年,上稿 50 篇,成为某平台签约作者,获得稳定收入。

② 选定平台做自己的新媒体账号,目标收获 5 万粉丝,经营不少于 3 个平台。

③ 开始接文案、接广告,有 5 家以上稳定合作方。

④ 写书和写专栏,为实现睡后收入做准备。

⑤ 策划自己的产品、打造品牌、扩大影响力。

⑥ 每年坚持写作,有稳定平台约稿,有稳定合作方接广告,有稳定收入。

为了完成以上目标,你需要根据每年的小目标制订不同的计划,围绕小目标去努力,拿到结果。

如果你无法达成每年的小目标,第二年你想持续发展就会很艰难。

有人想要靠写网络小说赚钱,成为自由职业者,可以参考下面的方法规划自己的成长路径。

① 大量阅读,学习热门题材的写作方法。

② 选择一个较小平台,每天固定写作 3000 字。

③ 完成一部 30 万字的小说。

④ 尝试申请签约。

⑤ 每日稳定更新 5000 字，完成一本 100 万字以上的小说。

⑥ 签约模式从初级分成到高级保底，获得稳定收入。

网络文学的基本要求是每日有稳定更新，不具备基本写作能力，就无法获得稳定稿费收益，自然无法实现你想要的自由。设置好成长路径，根据这个目标进行练习。这样，路走起来更容易，也更长久。

3> 以发展的眼光看问题

高中政治课就讲到过，要以发展的眼光看问题，在自由职业之路上，这一点是每一位自由职业者想要长久发展必须遵循的原则。

想要长久发展，以下这些小问题，你必须找到答案。

① 下个月我的客户从哪里来？

② 一年之后，谁还会为我买单？他们如何知道我？

③ 我怎样扩大影响力，让更多的人知道我提供此项服务？

④ 想要口碑，我要做什么？

⑤ 假如下个月我无法完成预期目标，我要做些什么？

⑥ 当下业绩下滑，已经无法维持日常生活开支，我能做些什么？

在一开始的时候，自由职业者就要牢记一个词——居安思危。如果可以把将要遇到的困难提前预知，就可以提前找到解决之法，这样才可持续发展。

在 2019 年的时候，我反复问自己一个问题：明年我们课程的学员来源于哪里？一直未找到答案。后来团队小伙伴说可以和平台合作，于是我开始在某平台经营新媒体账号，解决了我们招生的问题。

为了避免第二年出现同样的问题，我带着团队开拓全网平台，一年的时间收获20万粉丝，引流到微信一万人。

2021年我们延续上一年的计划，同时开始直播。这一年再次引流一万人到私域，解决了招生问题。

2022年，我们各个平台的粉丝稳定增长，每天都有精准用户被引流到私域，直播已经常态化，基本每天都有人购买我们的课程，实现了稳定发展。这一切都源于提前布局，提前解决问题。

自由职业者的常态就是时常身处焦虑之中，因为你无法确定你的明天在哪里，一旦你可以预知问题，只需要解决问题就可以了，焦虑也就消失了。心态好了，做什么都更容易一些。

④ 提前布局，找到可持续发展模式

提前布局，到底布局什么？

我们先来思考一下，自由职业者想要持续发展，都需要解决什么问题？

① 用户的问题。

② 营收的问题。

③ 影响力问题。

④ 曝光度问题。

⑤ 稳定合作问题。

这些问题总的来说，就是品牌的问题，即你是谁？怎样让用户知道你是谁？怎样让用户知道你能为他做什么？他为什么要跟你合作？

怎样解决这些问题？我自己的解决方法是，定下目标，如一年直播100场，去20个社群做分享，去各个公共平台做分享等。

确定了目标之后，就开始践行。

100场分享很简单，只要开播就行；20场社群分享，你则需要去联系有影响力的人，但是别人凭什么邀请你呢？最好的方法就是购买对方的产品，对方会邀请你加入他的社群，这是最有效、最简单的方法。

当然除了这些之外，策划免费分享社群，策划全网免费专业内容专栏等，都是扩大影响力的方法。

一旦了解你的人越来越多，影响力和曝光度越来越大，那么你就能解决品牌问题，自由职业持续发展下去的可能性就越大。

抓住风口：风口之下，你能赚到哪些钱？

很多人说："风口之下，猪都会飞。"真的是这样吗？好多人无法成事，就会把原因归结于没有抓住风口、错过风口。事实上并非如此。大多数人的问题，不是没有抓住风口，而是不知道自己能做什么。如果你不知道你能做什么，即使站在风口上，也拿不到想要的结果。而一股脑地随大流，没有自己的想法，结果就是在另一个风口来的时候，你会更焦虑，然后不停地变换赛道，最终失去了所有的机会。

那么风口对于普通人来说有没有用呢？当然是有用的，公众号有红利的时候，像十点读书、富书、罗辑思维这些账号就是抓住了第一波红利，迅速崛起，积累了百万粉丝，为迅速发展奠定了基础。

后来知识付费兴起，樊登、罗振宇、李筱懿等大V迅速乘势而上。

那么风口来了，普通人到底有多少机会？我们到底应该怎么做，才能成为那头会飞的"猪"？

1> 明白你要做什么

风口起的作用是助力，你不能完全依赖风口。抖音兴起的时候，有人成了大V，有人辛苦很久却粉丝寥寥。原因是什么呢？那些突然爆红的人，他们在风口来临之前，已经在这个领域里默默奋斗了很多年。刘宇宁在成为专业歌手前，在酒吧、火锅店、街头唱歌，持之以恒地坚持梦想，积攒实力，后来在网络平台直播，才得以被大家熟知；李佳琦在爆红之前，已经从事销售行业很多年，能力非常强；郑云导演本来就是专业的编导，通过平台输出的一系列短视频，放大他了的优势。

好像每年都有各种风口，可是每年都有人在感叹又错过了风口。

为什么别人永远在风口上，而你永远在风口下？因为，在风口来之前，你并不知道你要做什么，风口只会让你更焦虑，而没有任何实际用处。

对于自由职业者，找到你要做的事情比什么都重要。我做自由职业者的前5年，一事无成，原因就是别人说什么好做，我就去做什么。结果呢，那是别人擅长的领域，不是我擅长的领域，只能是一败涂地。

后来开始写作，这件事我是遵循自己的意志，也是我所擅长的。在风口没有到来之前，我一直默默地写；而后新媒体时代到来，公众号和新媒体平台兴起，我很快靠写作实现了变现，同时开启了知识付费之旅，抓住了风口。

明白你想要做什么，比找到风口更重要。

2 风口之下，你能做什么？

当平台还在高速发展时，有福利，有流量，能够助你迅速崛起的机会就是你的风口。

风口重要吗？当然重要。

比如 2022 年，你再入驻抖音想要从零开始经营账号容易吗？你再入驻公众号，想要做出一个百万粉丝的大号可以吗？很难。但我们现在去做小红书平台，去视频号直播，还有机会吗？当然是有的，这就是风口。

你知道你要做什么，还要知道在哪里做容易拿到结果，这样你就比别人更容易成功。

但是怎么知道风口在哪里呢？多关注新媒体资讯是个很好的方法，也可以加入一些行业大 V 的社群，在社群里，基本上你想要的信息都能得到，这是最省时省力的方法。

去年，我加入秋叶大叔的 IP 营，看到大 V 都在做视频号，于是我开始提前布局，做视频，做直播。两年时间，我们视频带货营业额达到 50 万元左右，成功抓住了风口；而后我发现大家都在谈论怎样做好小红书，我安排团队开始布局，3 个月涨粉一万，半年涨粉 5 万，被官方邀请开课，收获了属于自己的影响力；之后带领社群小伙伴入驻小红书，有人几千粉丝就可以实现变现。在风口之下，很多素人博主迅速崛起。

去年我在秋叶大叔社群里认识一个人叫萧大业,一条视频播放量超一个亿,让他一夜之间火出圈。这样的案例,在风口之上多得数不胜数。

找到风口,同时搞清楚你在风口能做什么,并且持续做,就能抓住风口,乘势而上。

3> 是不是每一个风口,我们都需要抓住?

有些风口是属于你的,有些风口是属于别人的,不是每一个风口都适合你。

就拿写作来说,有一些作者,看见别人写什么赚钱了,他就跟风也去写。之前拆书稿爆火,一篇稿费最高能达到 8000 元,很多人加入这个赛道,但是赚到钱的不过是少数人。过了半年,拆书稿需求饱和,稿费迅速下降,一些人发现这条赛道并没有他看到的那么好做,于是改了方向,去写新媒体文章;发现还是不好做,又去写小说,做视频,做直播。结果捡了芝麻,丢了西瓜,最终一无所有。

这样的人一直在风口上,却从未飞起来,甚至连走都举步维艰,原因到底是什么呢?

每一个人都有自己的特长,不是每一个风口都适合你。要找到与自己职业相关,与自己专业技能对口的风口,不要去做自己不擅长的事情,否则永远拿不到想要的结果。

资源提取码:33803

就像现在，很多人都在讲图文已死，现在是视频时代，可是身为作者，想要成为作家，你能丢弃文字，只做视频和直播吗？肯定不能。另外，图文真的死了吗？未必，很多人放弃图文转向视频，反而留出了更多的机会给擅长图文的人。有很多做视频的博主不会写脚本，所以脚本、文案、软文需求量比之前更大了。

不需要抓住每一个风口，要有识别属于自己的风口的能力。

怎样确定这个风口适合不适合自己呢？可以通过以下几个问题判断。

① 与你的专业有多少关联？

② 与你所做的行业有多少关联？

③ 能否给你带来持续的效益？

④ 是否符合你未来的发展方向？

⑤ 你是否有能力在这个风口上拿到结果？

⑥ 你打算在这个领域持续深耕吗？

找到这些问题的答案，你就知道那是不是属于你的风口。

▷ 4 要根据风口调整业务方向吗？

这两年，知识付费崛起，好像人人都是个人品牌。但很多人其实并没有想清楚自己要做什么，而是看别人做什么自己就做什么，创富营、品牌营，几乎人人都在做。

前一段时间，我翻看朋友圈，发现以前和我一起做写作培训的很多人都换了领域，跟着大家一起做创富营，放弃了写作培训这个方向，朋友圈全是月入百万的消息。

我被这种消息搞得焦虑不安，但也在疑惑，他们没有创富营所需的专业背景，真的能长久吗？果然，不久后有个改行的导师和我说，他要回去上班了，自由职业这些年，做了很多事，可每件事都越做越难，现在已经没有流量了，招募不到学员了。

这让我很诧异，明明他朋友圈昨天还在发一个学员参加了创富营，月入10万元的消息。

在业务方向上，我的团队一直勤勤恳恳地在写作和阅读领域深耕，所有业务调整，都是根据这个核心而做的。不管是做小红书、微博，还是视频号，内容都是围绕写作和阅读。虽然没有爆火，但是稳定，从2019年开始，每年业绩都在成倍增长。我一直在寻找风口，同时也在努力抓住风口，但是前提都是围绕自己的专业展开，为专业赋能，从未因为别人的成绩轻易改变方向。

有时候赚快钱并不是好事，不要为抓住风口，就轻易抛开自己的专业方向，去跟风。

自由职业这条路不好走，但是有一条成事心法送给你：慢慢走，相较于快，稳更重要，持续比爆发更靠谱。

5▷ 风口之下，你能赚哪些钱？

断舍离对于一位自由职业者非常重要，不仅体现在物质上，还体现在选择中。成为自由职业者之后，你可能会面临短期内没有任何收益的困境，也可能面临各种机会等你做选择的情况。

而这个选择，决定着你自由职业之路能否长久地走下去，所以记住一个原则：眼光要长远，不要只盯着眼前利益，要为长远的发展考虑。

任何行业，最重要的是专业能力。就拿我们写作领域来说，如果不出书、不写文章、不读书，一门心思只直播、只卖课，后续还能发展起来吗？未必。

虽然直播、卖课，可以在短期内让你赚到不少钱，但是从长远来看，如果你写出多部作品，成为作家，影响力扩大，那你的导师之路是不是可以走得更长远？大家因为你是作家，更愿意跟随你。

所以我的职业规划中，永远把写书放在第一位，所有的业务都要为写书让路。事实证明，我的决策是对的。我出版的书越来越多，大家对我的认可越来越多，更愿意和我们一起学习，参加我们的课程。

有人直播带货，一天营业额百万元、千万元，我们能做吗？未必。虽然我已经拥有了直播技能、销售技能，但是我有供应链吗？有产品吗？有流量吗？都没有。

即使我知道这是一条赚钱的路子，但是我依旧不会去选择。

原因很简单，我要去做我能做的行业，去赚我能赚的钱，而不是什么都想要。

坚定信念，不要因为别人的成绩轻易改变方向。

风口来了，更要冷静地思考你到底要什么，不可在风口之中迷失了自己。

挖掘天赋：找到终身热爱的事业

做自由职业者，最难的就是如何选择自己要做的行业。

一个想做事的人一旦确定他想要什么，就可以立刻行动；但是如果一直都没有找到自己要做的行业，那么开始就会变得十分艰难。

想要成为成功的自由职业者，一定要找到自己天赋所在，然后在自己擅长的领域里发光发热，更容易拿到结果。

但是有人会说：自己没有天赋，非常平凡，没有任何特长，没有任何专业知识，甚至没有任何爱好，但我想做自由职业者，我该怎么办？

其实每个人都有自己的天赋，我们要学会挖掘天赋。

在找到天赋之前，我们先做一个小测试，回答下面几个问题。

（1）你擅长什么？

（2）你喜欢什么？

（3）你不喜欢但是你擅长的是什么？

（4）你喜欢但是不擅长的是什么？

写下以上问题的答案，你喜欢的、你擅长的都是你的天赋所在。在做选择的时候，一定要听从自己的内心，尽量去做内心最想做的那件事。一般来说，做最想做的那件事，更有热情和动力，相对来说更容易成功。

如果以上问题的答案还是不足以让你发现自己的天赋怎么办？可尝试以下方法。

▷ 1 不断去试错

去做任何你想做的事情，立刻去做，并记录下你做这些事情的感受。有人曾经问过我一个问题：我现在不知道我要干什么，如今只能想到什么干什么，家里人一直说我三分钟热度，其实我只是想找找看，我喜欢哪个行业，适合哪个行业，有错吗？

我想说没有错，没有谁一开始就能确定自己一辈子要做的事情是什么，都是一边试错，一边成长。我创业4次，每次都充满信心，最后都以失败而告终，只能说明那些行业并不是我的天赋所在。我开始做导师之后，很神奇的是，大家都非常喜欢我的课，尽管在此之前，我毫无经验。

积极试错并不可耻，当你找到你的天赋所在之后，你会发现，你曾经用尽全力也得不到的成功，变得简单、容易，所以不可小觑天赋的力量。

2▷ 总结你的成就事件

除了试错之外,还可以去总结你的成就事件。你很容易做成的事情里,藏着你的天赋,例如,别人怎么都解不出来的数学题,你看一眼就会,这就是你的天赋。

我以前做销售的时候,很容易做到销冠,很多人觉得这非常艰难,但是对我来说很容易。这就是我的天赋所在。

开始写作之后,好多人写着写着就断了,但是我一写就是7年,从未觉得艰难。这也是我的天赋所在。

尝试把你的成就事件写出来,你会发现原来你在很多事上有天赋,然后去选择你喜欢的天赋,作为你的职业方向。

有句话说,若一个人所做之事,是自己最喜欢的,他就是世界上最幸福的人。

做自由职业者,一定要去做自己喜欢做的事情。自由职业,我们不光要时间自由、财务自由,更要精神自由。

3▷ 写出内心的渴望

如果找不到自己的成就事件怎么办?没有关系,没有一个人是没有任何天赋的,每个人都有天赋,只是有些人的天赋需要挖掘。那我们如何挖掘天赋呢？

试着写下内心的渴望，这就是你想做的事情，也有可能是你未来能做成的事情。朗达·拜恩在《秘密》这本书中讲到一个观点：如果你一直想一件事，根据吸引力法则，这件事多半能成功。所以写出你的渴望，然后开始去做。

比如，你并不知道如何成为一名作家，但是你知道你的内心渴望成为作家，于是就可以开始写作，写得越久，遇见的机会越多，拿到的资源也就越多，最终真的实现了梦想。

因为写作是你内心最强烈的渴望，你就会有长久的热情去做这件事，能做一件事并坚持下去，必然能够拿到结果。

▷ 4 调研别人眼中的你

很多人其实并不了解自己。有人觉得自己平凡普通，一无是处，这时就可以尝试调研别人眼中的你。

我曾经让学员做过一个实验，让他们在朋友圈发一条信息，请大家写下他们眼中的自己。在发之前，很多人顾虑重重，怕自己没有任何优点。结果呢？很多人被夸赞情商高，会说话，写作能力强，演讲能力强，工作能力强，画画很厉害，摄影很厉害……这些与生俱来的天赋，他们从未觉察。

找到天赋所在，是你踏出自由职业之路的重要一步。

想要把天赋做成职业，你需要做到以下3点。

（1）把天赋做成专业

或许你在这个领域里有点天赋，但是有天赋的人很多，你凭什么脱颖而出？因此当你找到天赋之后，要给自己做好职业规划，用心做事，不仅要做出影响力，还要被大众认可，这样你才有未来。

（2）树立自信心

在做一件事情的时候，总是有这样那样的困境，一定要自己充满信心，这样遇见困境时，你才能撑下去。坚定的信念比什么都重要，一旦认准了要做的事情，无论多难都要咬牙坚持。信念不倒，方法总是有的。大多数未曾解决的问题，都是因为信念不坚定。

（3）给自己积极的心理暗示

当你决心成为自由职业者之后，你就会发现，自由职业这条路走起来非常艰难。即使如此也要不断告诉自己：你可以的，你一定可以成功，不能泄气。

当你一直觉得自己不行的时候，你就很容易放弃；当你觉得自己可以的时候，你一定会想到坚持下去的办法，做出成绩。

自由职业之路，最重要的是可持续发展。天赋、热情、兴趣相结合，能够产生巨大的能量，这股能量，能够打败所有困难，激发出一个人的潜能，让自己成为天才型选手。

Chapter 03
第 三 章

七力加成：自由职业者必备技能

学习力:迅速适应快速发展的时代

做自由职业者,就是一个人在瞬息万变的世界里单打独斗。你需要不断学习新的知识,适应时代的变化。学习力是链接你和世界的桥梁,它的强弱,决定你能走多远。学习力越强,桥梁越稳固,你抵达彼岸的速度越快。当你想要学习其他新领域知识的时候,带着这座桥,便可随时搭建通向彼岸的新路径。提升学习力,你才能成为一个持续精进的自由职业者。

有人说阅读力就是学习力,但学习力不止是阅读力。阅读力是单一维度的,而学习力是多维度的。

学习力通常可划分为以下3个层次。

1▷ 第一层学习力：提出问题

很多人都是这样学习的：定下现在想要学习的方向，买书听课，每天持续输入。这是主动学习还是被动学习呢？看起来好像是主动的，因为是你主动去阅读、去听课的。但是，想象你学习的场景，只是打开大脑，大量信息自动蜂拥而至，可你的大脑能吸收多少呢？有些知识比较新，你从未接触过，当它们进入大脑后，没有和你的旧知识产生链接，无法安放在合适的位置，便会左右冲突，又从大脑中飞出去了。除非刚学的知识和你的旧知识刚好匹配，就像挂了一个挂钩，形成网状，你才能抓住。因此，想办法让旧知识产生更多的钩子，让钩子勾住新来的信息，才能形成有效输入。

很多人听完或者看完一遍课程讲解，觉得听了就是会了，看了就是懂了，从早到晚学习一天，到了睡前，感觉好像很充实，可仔细回忆一下，却又记不起多少，过段时间后对这类型的知识更是忘得干干净净，这种学习效率并不高。

勤奋但低效的学习，会带来极强的挫败感，这种挫败会延伸到方方面面，使人产生"我怎么这么笨""学什么都学不会"的消极想法，越学习越挫败，直到最后放弃。

这就是很多普通人的学习力。你能发现问题出在哪里吗？是你的大脑承接不住系统涌入的新知识，那么如何才能承接呢？答案是，化被动为主动，带着抓手去学习。

什么是抓手？

抓手就是基于你现阶段情况和对相关领域的了解所提出的问题。拿出一张白纸,安静思考,把大脑中所有繁杂不清的问题全部写下来,筛选出最主要的10个。举个例子,如果你想了解元宇宙,那么就把自己想到的所有问题列出来,比如什么是元宇宙?元宇宙背后的技术原理是什么?元宇宙和区块链是什么关系?元宇宙能给现实社会带来什么影响?元宇宙的发展前景是什么?诸如此类,把问题写出来。这些问题就像钉子一样,当你钉好了钉子,有了精准的目标,再拿起锤子的时候,才能知道自己要往哪里砸。

花半小时时间,将与这些问题相关的书籍、网络课程、其他资料找出来。一开始不要学习最深的内容,只了解浅显的概论或入门级的常识即可。等你找到这个问题的答案后,用自己的话将其复述一遍,然后再写下来。回答完第一个问题,就开始着手寻找第二个问题的答案。为什么不追着第一个答案进行深挖呢?不是学习越深入越好吗?并不是。在没有足够的基础的情况下,一下子闷头学太多,就像在大海里游泳,漫无边际容易迷失方向。当我们找到第一个问题的答案时,就已经感受到学习的快乐,这种成就感形成闭环,会给刚开始学习的你带来自信。这种自信产生的驱动力,会让你带着好奇心继续探索,开启下一阶段。每找到一个问题的答案,就写下来。等10个问题的答案全部找到了,就完成了第一阶段的学习。这就是第一个层次的学习力,提出问题——搜索信息——找到答案——复述答案。当然,在寻找这些问题的答案时,很可能出现非常多的新问题,一定要及时将这些新问题记录下来,这就是第二轮需要回答的问题。由浅到深,层层深入。

因为所有的问题都是自己提出的，自己关心的，因此更容易学进去。

每隔一段时间，就可以进行一次这样的学习，比如当你遇到问题时，开始迷茫或者彷徨时，立刻开启 10 个问题小闭环。这是精准学习，省时且有效，同时也锻炼了自己提出问题、搜索信息、精准概括的能力。

2> 第二层学习力：践行

当你完成了 10 个问题小闭环的学习后会发现，短时间内很难看到这种方法的具体效果。正所谓"纸上得来终觉浅，绝知此事要躬行"，实战才是最好的学习方式。

就像阅读这本书，如果读完就罢，总是学不会的，你要按照书中的思路去行动，才能真正使生活产生变化。

因此，第二层次的学习力，就是践行。实践是检验真理的唯一标准，要拿着刚才的 10 个答案，去一一解决现实难题。

假设你写出的 10 个问题都是工作中遇到的难题，你的答案就是解决方案，那就要把这些方案运用在工作中，记录变化，看看结果有没有朝着你的预期方向发展。如果这个答案是对的，那么就记录下来。这就是一次从知识到实践的微小成功，把这个过程作为成功案例记录下来，一可以提升你的信心，二可以总结经验。如果这个答案不对，就要研究哪里出错了，想想应该怎么调整方案，并在工作中验证新方法的合理性，从而再进行修正。

在第一个层次里，我们从网络资料和书籍中学习；而在实践阶段，你已经积累了一些经验，以人为师也是很好的方式，可以向该领域获得成就的人学习。他们经历过成百上千次的实战，经验更直接、更落地。这样的人从哪里认识呢？有些成功的导师本身就有付费咨询的业务，我们可以花一点小钱，买到他们的成功经验，避免自己走很多弯路，节省时间和成本。当然，取得答案之后，还需要实践验证才可以。你需要不断从实践中得到经验，去迭代你的问题的答案。

3> 第三层学习力：构建知识体系

在第一层次、第二层次里，我们想的都是怎么解决自己的问题。等你在提出问题、实践复盘、解决问题这个循环里走过数遍之后，你就会逐渐形成一套独特的解决问题的心法。

用这套心法，你可以帮助更多有同类型问题的人，他们可能也正处于你刚开始时困惑迷茫的阶段。这时候的你，就即将成为第二阶段你请教过的牛人了。

把你学到的知识、踩过的坑、成功的方法，全部归纳总结起来，按照一定的逻辑结构，梳理成一条线或者一张网，由浅到深，形成你的初级知识体系。

从学习别人的知识到形成自己的知识体系，这中间要经历很多实战。不要等学习到特别透彻的时候，才开始启动这件事情，因为从来不存在"学习透彻"这件事，如果你一直在等这个时机，就永远开始不了。

梳理知识体系的过程，也是一个很好的查漏补缺的时机，你能主动审视自己的长处和短板，能看到自己的强项和弱项。很多时候，自己看不到自己的盲区，但当你逼着自己去构建知识体系时，就会发现，这个网状的框架里，有某些地方的力量非常薄弱，这就是你应该再次去学习的部分。

搭建体系是更高维度的学习方式，能从全局入手，看到所有被隐藏的边边角角。与此同时，不要闭门造车，要学会分享，无论是以文章的形式发表出去，还是和朋友交流，或者给别人做演讲、做咨询，都要学会分享出去。以教带学，教就是学习的捷径。这也会形成一个正向反馈，当我们和别人互动的时候，得到了对方的鼓励和肯定，就能给予我们再次完善体系的信心；或者你的听众提出一个很有意思的问题，而这个问题是你从前很少考虑过的，这种在交流中产生的碰撞和想法，会为你开启一扇新的大门。

写作力：让你的影响力快速裂变

很多人说互联网时代的两大利器是写作和演讲，当你学会写作，你就掌握了流量密码。

写作看似和自由职业关系不大，因为并不是每一位自由职业者都是作家和自由撰稿人。但是我想告诉你的是，无论你选择什么行业、领域，都需要写作力。

用写作赋能品牌，是最简单、最容易、最有效的方法。

新媒体时代，几乎每一位自由职业者都会用心经营自己的个人IP，那么如何打造IP？如何让自己的IP影响力扩大？

2019年以来，受疫情影响，很多人把线下业务转移到线上。不管是传统的企业，还是互联网企业，抑或是自由职业者，几乎每个人都在苦恼流量从哪里来？去哪里寻找客户？如何让更多的人了解自己的产品和品牌？

想要解决这些问题，最好的方式是什么？是内容传播，内容传播的核心是文字。

无论你是想要写一篇产品推广文案，还是写一篇视频广告脚本，都需要用到写作。

学会写作，会让你打造个人品牌事半功倍。

自由职业想要做得长久，就要不断地扩大你的个人影响力。如果你不知道你的客户在哪里，没有人为你的产品付费，你的自由职业之路就无法开启。

写作一般可以分为以下几种形式。

1 写文章

把你的专业知识用文字形式输出，发布到公众平台。如果没有做好宣传、没有足够多的客户付费，后期也没有足够的业务合作，我们自由职业之路只能终结。以前做业务可能靠个人地推的方式，去寻找合作机会，但这种方式见效慢，耗费时间长。

新媒体时代，我们可以借助媒体来达到宣传推广的目的。完成一篇文章，分发到各个平台，通过文章告诉别人你是做什么的，你能帮助他们解决什么问题，你有什么产品。文章传播的速度相对较快，一篇好的文章，可能有几万甚至几十万的阅读量，这样你就一下子触发大量用户，总会有几个人成为你的客户，长此以往，积累下来，你的业务就会越做越大。

一篇优质的文章可能会在一夜之间让你收到大量的合作邀请。当客户不断在各平台看到你的名字、你的文章，能够有效增加对你的信任，一旦他有你这个领域的业务需要，会第一时间主动找过来。

▷ 写视频脚本

现在正是视频崛起的时代，人人都在拍视频，我们可以抓住这个风口，利用短视频打造影响力。

做视频就要写脚本，如果你没有掌握写作技巧，拍视频的成本就会大大增加，很多公司看到了这种需求，因此开拓了专门代写脚本的业务。在没有稳定收入之前，如果一直找人帮忙写文案和脚本，对于普通人来说，压力较大。一劳永逸的方法就是学习写作，拥有了写作基础能力，想写什么稿子都可以。

通常来说，视频脚本需要展示如下内容。

第一种，讲述自己的故事。告诉大家视频的主角是谁，他是做什么的，能提供给大众什么价值，在哪个方向是专业的，做出了哪些成绩，相当于一个自我介绍。一般来说，经营自媒体平台时，第一条视频就要包括上述的关键点。

无戒学堂帮助很多人写了他们的十年故事视频脚本，做出了许多爆款，给他们带来了很多客户。

第二种，展示成功的案例。要想让客户快速了解他能帮助别人做什么，吸引精准用户，实现变现，成功案例是最具有说服力的。

比如一位写作培训导师需要拍视频，那么视频脚本中就要有一部分展示学员成绩的内容，让别人知道他的课程可以帮助自己拿到什么样的结果。

第三种，为大家提供干货。只单纯讲述故事、展示案例的视频，可能用户并不买单，这时候则需要专业知识加持，直接上干货，告诉大家遇见某个特定的问题，要用什么方法解决。不过视频中的干货介绍一定要准确击中用户痛点，真实有效，且不可以过于枯燥，这对视频脚本写作能力的要求较高。

第四种，巧妙展示产品。用软文的方式推广和介绍产品，反复强化品牌，让大众了解产品价值和性能，这就是我们常说的"种草"。这类视频最考验的依然是文本能力，如果脚本太差，效果自然大打折扣。

无论哪种类型的视频，都需要写好脚本，需要写作能力。一旦掌握了写作技能，就会发现无论做哪类视频，都比较得心应手。

3▷ 做直播

直播已经成为自由职业者与用户交流重要的方式之一。在直播间，大家可以直接看见你的产品，更好地了解你的个人能力和魅力，和你建立信任，从而购买你的产品。

以前想要销售某个产品或取得合作，我们可能需要一个个去拜访用户，说服他们与我们合作，但是在直播间，我们可以有很多用户，你可以一次性完成多个产品的销售，大大提高了效率。

直播虽然是很好的模式，但是并非每个人都有直播的技能，尤其是很多刚开始进入这个领域的人，一旦直播间的人数稍微多一些，就容易紧张，话都说不出口，更别提卖产品了。

但如果他们掌握了写作技能，在直播之前就可以先写出大纲，列出产品卖点，更甚者直接写出直播内容。这样一来，即使在非常紧张的情况下，也可以完成直播。

4▷ 文案推广

在做品牌的过程中，最重要的环节就是文案推广，写好文案，产品的转化率会大大提高。

列举卖点，推广产品，实现转化……好的文案，能够实现营业额10倍甚至100倍的增加。写文案的能力已经成为自由职业者的必备能力。

5▷ 平台分享

为了获得更大的影响力，很多人会选择社群分享、平台分享及线下分享。当一个人逐渐有了影响力，会有很多平台邀请他去做各种分享。做好分享的前提，就是有一个好的分享稿，如何巧妙地在介绍自己品牌和产品的同时，输出大量干货圈粉，非常考验写作能力。

一场优质的分享，会带来大量的资源及很多业务合作。

⑥ 出版一本专业书

出版一本书，会让一个人的影响力百倍增长。现在出书越来越难，对于作品质量要求越来越高，如果可以写出一本专业书，并且成功出版，就说明这个人的专业能力是经过市场检验的，更让人信服。

很多自由职业者，都有另一个身份——作家，他们一边做自己的专业工作，一边把自己的专业知识整理成书。不管做直播，还是拍视频，或是写专栏，内容的传播都有时效性，但是书不一样，书中内容可以长期传播，覆盖人群广、面积大、传播能力强。

而书的影响力，不仅仅是书本身，有人会写书评，有人会直播讲书，有人做视频推荐书，这些都属于反复传播。当然也会有人因为看过你的书，对你产生兴趣，购买你的产品，与你进行业务合作等。

在新媒体时代，自由职业者的业务大多是线上实现的，如果你没有办法用新媒体传播的方式，让大众了解到你，最终的结果，就是流量断层，失去后端，自由职业生涯只能以失败告终。

如果你想长久地发展，一定要拥有写作能力。假如写作对你来说实在是一件难事，你可以找靠谱的公司合作，为你长期提供各种文稿，来弥补这方面的短板，但相应的，支出一定会增加。

如果你想要自由职业之路走得长久，一定要记住做好以上几个方面的基础工作，解决流量和转化问题。只有业绩不断增长，影响力不断扩大，这条路才可能走得长远。

直播力：用专业的态度获取更大的信任

对于自由职业者来说，我们的产品和服务是直接卖给客户的，找到足够多且优质的客户，是当务之急。

直播恰好可以解决这个问题。

成为写作者以来，我一直是靠文字来展现自我内心状态。直到2020年冬天，在一个契机下开启直播。迄今为止，我已经直播了200多场。我记得，刚开始的时候，直播间不足百人，而今却一次次突破万人。我也从一开始的战战兢兢到如今信手拈来。直播的过程中，我踩过很多坑，相应地，也总结了很多经验。

直播，是自由职业者都可以尝试的快车赛道，可以让公域流量转化为私域流量，让那些本来距你很远的人，成为你的忠实用户。但很多人对直播存在错误的理解，以为直播类似演讲，舞台一搭，灯光一起，闲庭信步走上去挥挥手，看着台下满怀期待的听众，滔滔不绝开始演讲。

但演讲和直播不是同一套逻辑。

虽然同样是一对多的场景，但有本质差别。在演讲时，观众对你及演讲主题，做过很多功课，他们是特意腾出时间来看你的，投入了巨大的时间和精力成本。他们是欣赏你或者说是崇拜你的，你本身就是吸引力，演讲主题反而是次要的。

但听直播的场景是什么样？想象一下，晚上睡觉之前，一个用户躺在床上，无聊地刷着手机，突然看见一个直播封面，点击一下，进入直播间，看到了陌生的你，他会观望几秒钟，如果觉得直播没有意思，就会很快滑走。陌生观众给你的时间，其实只有两秒钟。他们的注意力是涣散的，多为打发时间才来到这里。

作为一位自由职业者，应当如何策划一场足够吸引这些"打发时间"的人的直播？

▷ 1 直播宣发，做好预热

每一场直播都要尽可能有一个好的主题。如何确定一个好主题？站在用户角度，切换思维，思考这个主题对普通人是否有用。直播的主题往往体现在标题上，很多用户在看直播前，都会思考这场直播对自己有没有用，觉得有价值才会点进直播间。有用是第一吸引力。好的标题，就是一封颇具吸引力的邀请函。

所以，直播宣发预热的第一步，就是从自己专业领域入手，找到一个对用户有价值的切口，确定 3 个以上的标题，反复思考，选取一个对用户最有吸引力的。

第二步是在直播冷启动阶段，要准备好直播礼物，礼物可以是实物礼品，也可以是咨询或者电子书资料等知识产品。

第三步，最好做一张海报，海报要素包括：主标题、副标题、主播介绍、直播间礼物介绍、直播时间和平台等。写好一个简短的文案，把海报和文案发在朋友圈和社群，引导用户进行预约。

直播预约有 6 个渠道：公众号发推文文案、私域社群发文案、企业微信发私信、朋友圈海报刷屏、直播推预约卡片、视频号发系列短视频宣传。

好的主题是直播的邀请函，礼物是吸引用户的钩子，内容有趣则是黏住用户的胶水。做好这些基础工作，你才能继续进阶。

2 打开内心，真诚为本

从主播的角度来看，直播看上去是一对多，但是从用户角度来看，直播就是一对一。直播的本质，就是营造朋友交流的场景，达到让用户信任你的效果。

什么才是信任的最高级别？是成为亲密的朋友。那什么是朋友呢？是每天陪你聊天、帮你解惑的人。直播最好的感觉是什么呢？就是想象你在和你最亲密的朋友视频聊天，那种亲昵的感情会穿透屏幕走入用户内心。所以，直播要达到的效果，就是明明是互不相干的陌生人，但每次看你直播,你们之间的心理距离就会被无限拉近,你就成了他的朋友。

如果你直播时,还在端着架子说场面话,就容易和用户产生距离感。不要讲干巴巴、硬邦邦的客套话,而是用一种更为生动亲切的真诚语言与用户交流,真诚地打开内心,用更接地气的语言,讲述你的人生故事。用户对你了解越多,你就越有可能成为他的朋友。毕竟没人会轻易相信一个陌生人,但我们都相信自己了解的人。你只付出了一次直播的时间,却产生了成百上千甚至上万次的交流效果。

直播不是上课,不要全程讲干货。直播要学会讲故事,在故事转折时,自然带出干货知识,这就像在游戏超级玛丽中突然顶出一朵力量蘑菇,是意外的惊喜和收获。让用户想不到,才能不断地拉满期待值。

③ 有效互动,学会示弱

一口气能讲两三个小时的人,真的能做好直播吗?不见得。刚才讲到,直播就是要营造朋友在视频互动的感觉,你在视频时会一口气讲所有的话,不给对方留说话空间吗?并不是,因此直播还需要注意互动,要学会问问题。在直播初期最好问选择题,题目越简单,参与人数越多;题目越难,参与人数越少。问一些不用思考、不费脑筋的问题,可以有效增加用户互动。

同时,也要给用户掌控感。如果有3个话题同时出现在脑中,不知道该选择哪一个,那么,就将选择权交给直播间的用户,让他们为你选。通过这个方法,你就赋予了用户掌控感。掌控感会让他们停留更长时间。

另外,要学会示弱,不要总是展露强势的状态,如果你在某一天有了情绪,哪怕这些情绪是弱的、是胆怯、是低谷、是负面的,也可以适当地在直播间讲出来。当用户感受到你低落的情绪时,会激发他们的保护欲,同时会让对方知道,你也是个有情绪的普通人,这会进一步拉近你与用户的心理距离。示弱是一种交付信任的手段,是一种你和用户之间的小秘密。如果之前是弱关联,那么在示弱后,你们的关系很可能就变成了强关联。想一下,你是不是只有在最亲近的朋友面前才会流露真实的情绪呢?所以这一步,就是在进一步营造真实朋友交流的场景。

4 加强信任,引流私域

公域就是直播间中的人,当这些用户添加你为微信好友时,就成了你的私域流量。如何从公域转到私域呢?无非就两点:要么用户喜欢你,想要靠近你;要么就是你提供福利,用户想要得到礼物。

你要明确给出用户加你微信的理由。用户第一次看你直播时,你对他来说是陌生人;当他连续看几次你的直播,了解了你的人生故事,你就成了他熟悉的人;当他总是下意识地点进你的直播间,不自觉地想要听你说话,你就成了他的朋友。他享受的是你的陪伴。这时候,让用户加你的微信,就水到渠成了,如果想要加快这个过程,那么就准备一些礼物送给加你微信的人。可以是知识资料、咨询或者电子书等虚拟产品，这些都要提前准备好。如果想让用户产生紧迫心理，可以用点小技巧，比如说，今晚直播只加十个微信朋友，限时限量，一般都会有效果。

5 制造里程碑事件，长期坚持

虽然一开始直播数据多是惨淡，但是坚持半年，直播数据一般就会稳定上升。这时候，开始有很多"大咖"主动找上门进行直播连麦。连麦其实就是互相捧场、互相引流的过程。每天做相似的直播，用户也有审美疲劳。在节假日时，可以根据不同风格策划不同主题的大直播。比如，我曾一口气直播过 12 个小时，连麦数十位不同领域的大咖，虽然很累，但是取得了非常好的效果。适当制造里程碑式的事件，能让用户清晰地感知到你的成长。如果他是比较早关注你的用户，就有一种"养成系"的成就感。这种成就感，会让他更加支持你。

还有一种方式，就是将直播栏目化，养成用户看直播的习惯。比如我做了一系列的"对话未来作家""对话名家""100 场知识大 V 分享"等栏目化的直播活动。人都有一种秩序感，当他看了第一场，就会想要接着看第二场。这样完整的系列活动，会成为你直播成绩的一部分。100 场的系列活动，比 100 场零碎的主题活动，更有成就感，更具仪式感，更专业。体系化的内容永远比零碎内容更高级。

直播是你输出自己内容的渠道，也是打开用户内心的钥匙。准备充分，姿态要低，态度真诚，专业性强，适当示弱，学会互动，精准引流，长期坚持。运用这一系列方法，坚持下去，就会收获不错的直播成果。做直播的目的，就是收获更多用户的信任。用户的信任是自由职业的基石。有用户，才能有流量；有流量，才能长久地生存下去。

思维力：用成长型思维去玩无限游戏

同是自由职业者，但很多人思维不一样，有人是固定型思维，有人是成长型思维。固定型思维想要成功比较艰难，而成长型思维的人，更容易在自由职业这条道路上走得更远。

固定型思维的人，通常认为任何智力都是不可以提高的，事情是不可以改变的，失败是不可逆的。成长型思维的人，更多认为任何事情都可以通过努力改变，一切皆有可能。固定型思维的人会被禁锢在一个玻璃围城里，画地为牢，焦虑痛苦，却又束手无策。成长型思维的人像奔跑在一片旷野，前路变化莫测，但自由畅快，拥有无限可能。

成为自由职业者，必须具备成长型思维，否则，总有一天，你会败在自己的思维模式之下。

很多人想法太多，惰性太大。如果你执行力太差，过多的想法可能会导致你更加迷茫和懈怠，患上"拖延症"。所有的想法摆放在一起，就像回转寿司上的寿司。你只能眼睁睁看着它们转来转去，一个都没有拿下来。为什么会拖延？拖延背后其实是恐惧，恐惧背后是坚不可摧的固定型思维。哪怕你对自己说：我知道努力一定会有进步，但自己的潜意识里并不深信这件事。

通俗来讲，意识就是你知道的，潜意识就是已经发生但你没有觉察到的。你的潜意识在恐惧什么？恐惧不确定性，因为不确定意味着可能会失败，失败会带来挫败感，让你觉得自己的努力白费了，也就失去了"如果我努力也能行"的借口。这种借口通常会给人一种安慰的效果，觉得别人做成了一件事，只不过是他比我努力；我现在没有做成是因为没有去做，一旦我去做也能做成。这种心态会严重影响执行力。这就是固定型思维的人，认为一次失败就是对自己能力的彻底否定和批判，从而失去斗志和重新尝试的勇气。

如果只要行动，就能获得百分之百的成功，那么大多数拖延症都能被治愈。潜意识里的不自信会拖垮你意识层面的信心。在意识层面上，你知道自己应该行动起来；但是在潜意识中会形成巨大的阻力，拽住你的脚，让你寸步难行。

而成长型思维的人，会把失败看成"要继续努力"的信号，人生就是无限游戏。

自由职业者想要提高行动力，最重要的就是从固定型思维转换为成长型思维。

人的思维，不是一朝一夕形成的，而是经年累月的人生之果。要改变根深蒂固的思维,往往是最难的。

每个人的思维都是多年来成长环境作用的结果。所有接收到的信息,汇聚成了今天的你。哪怕长大后有了选择权,但是在幼年时期形成的思维惯性,会自动让那些令你感到舒适的信息入门,拒绝那些让你不舒适的信息。

想从固定型思维转变为成长型思维,可以参考下列方法。

1 换环境

换到和你想要培养的思维一致的环境,远离和它相背离的环境。

如果你想养成成长型思维,那么首先要筛选一下你的圈子:你平时接触哪些人?这些人中,谁是固定型思维,谁是成长型思维?那么应该靠近谁,远离谁,结果自然就出来了。

当然,有些亲人是无法远离的,那么我们可以选择包容,尽可能采用不被其影响的相处方式。但是朋友是你自己可以选择的,一定要选择成长型思维的朋友圈子,让你的朋友替你浇灌成长型思维的种子,这就是借力。

2 正心态

给自己设计几句成长型思维的口头禅,让自己反复说出来、念出来。重复的力量是巨大的:

"我喜欢这件事,我享受这件事。"

"我能做到。"

"可以试试。"

"我可以学。"

"没关系,我可以重新开始。"

你要把这种正向的念头重复一千次、一万次,深深植入大脑,让它进入潜意识,如此才可以产生行动力。

3 玩"无限游戏"

詹姆斯·卡斯《有限与无限的游戏》这本书,很有哲学意味,他指出世界上有两种类型的"游戏":有限游戏和无限游戏。

有限游戏指以赢为目的,有明确的终点、规则和边界的游戏;无限游戏指以延续为目的的游戏,玩家的目标不是赢,而是一直玩下去。

有限游戏旨在以一位参与者的胜利终结比赛,每个有限游戏都是为了结束自身。但矛盾恰恰在于,所有有限游戏都是在对抗自身。

举个例子,A 因为种种原因失业了,就开始消极低迷,觉得自己太失败了,每天不思进取。

B 因为种种原因失业了,但是他积极复盘原因,找到了可以进一步提高自己的策略,继续努力找下一份工作。

思考一下,这两个人分别玩的是什么游戏?

A 给自己设置了一个有限游戏,游戏规则是:做这个工作就是赢,如果失业了就是输。

B 给自己设置的是一个无限游戏，这个工作只是其中一个过程，哪怕失业，也没有关系，只要持续工作，自己仍在进行游戏。

把失业这件事放在人的一生中，真的对人造成了非常大的影响吗？实际上并没有，很多人只是想要赢得自己设置的有限游戏而已。一旦没有赢，就会破罐子破摔，觉得自己一败涂地。

再举一个例子。

有人觉得高考就是一个必须赢的战役，必须考出好成绩，考上好学校，那么对于他来说，高考就是一个有限游戏。等高考结束，他的游戏就结束了。如果考得好，他会觉得自己赢了；如果考得差，他会觉得自己输了。

另一些人觉得高考就是一个知识测试，是一个历练，是人生中的一个小节点。那么他玩的就是无限游戏。输赢根本不重要，重要的是对知识的追求是持续的，是终身的。

敏锐如你，有没有发现不对劲？高考的确很重要，可是高考能定人生输赢吗？

固定型思维的人一般玩的是有限游戏，成长型思维的人玩的是无限游戏。前者在边界内玩，后者在和边界玩。前者被圈禁，后者是自由的。

那些行业佼佼者，跨时代的引领者，都是用一种成长型思维在玩无限游戏。你呢？你用什么思维在玩什么游戏？你在边界内玩还是和边界玩？你的边界在哪里？

无限游戏中可以出现有限游戏，但无限游戏无法在有限游戏中进行。有限游戏无论输赢,在无限游戏参与者眼中都只是游戏过程中的瞬间。

作为自由职业者,当你以成长型思维来玩无限游戏时,会彻底改变你的世界。当你面对未知的挑战,习惯性觉得心里忐忑、想要后退时,要牢记自己玩的是无限游戏,并无输赢。哪怕失败也没有什么可失去的。任何挑战都是学习和探索自我的过程。

当你失败后面对批评的时候,有两种情况:第一种是恶意的批评,那么自然不用理会;第二种是善意的批评,他的批评是正确的,那么就可以大大方方地接受,别人在乎你才会提出批评。批评也是一种肯定,因为对方是想让你进步。

当你面对所谓世俗定义的成功时,该是什么心态呢?游戏终止了吗?胜负出来了吗?不,你的无限游戏本就没有胜负,你仍需继续玩下去。一旦骄傲溢满心头,你就将自己限制在了有限游戏里,飘飘然享受荣誉,从而不敢再挑战更难的事情。

虽然我们玩的是无限游戏,但是并不妨碍我们将其划为一个个小的有限游戏,每个有限游戏都是无限游戏的里程碑。用战略定目标,用战术拆解目标,使其成为一个一个的小任务。每完成一个小任务,你都会从中学习到很多知识。

面对障碍和挫折时,我们要这样思考:障碍不是失败,挫折不是失败,只是尚未取得成绩。不要抱着必须成功的信念去行动,否则,当结果不尽如人意的时候,你的信念会崩塌,进而否定所有的行动。这会成为一个恶性循环,当你下一次行动时,这种挫败感会再一次包围你。当行动的意义不再执着于成功，而是获得成长时，那么结果无论好坏，你的行动都有意义。

自由职业的道路必然不是一帆风顺的，我们会遇到非常多的困境。每位自由职业者都应当具有成长型思维，不惧怕这些困境，永远积极地想办法、想方案，才能扭转局面。要记住，有限游戏以输赢为目的，而无限游戏是以延续为目的。你过这一关，并不是为了争输赢，更重要的是你学到了什么。当你面对一件棘手的事情时，请暂停5秒钟，问自己两个问题：这个问题用成长型思维怎么看待？它属于有限游戏还是无限游戏？

当你能用这样的思维探索人生，你自由职业之路上的很多困局，便会迎刃而解。你用高维打低维，从全局入手，和那些一个个单点解决具体困难的人不是一个高度。用成长型思维思考，用无限游戏模式生存，这才是每一位自由职业者的思维制胜法宝。

复盘力：在实战中盘点优劣迭代推新

没有复盘就没有进步。在成为自由职业者之后，每天要做的事情千头万绪，很多人会"沉浸式做事"，做完之后，扔在一边，直接开启下一轮。你花了很大的力气和心血，做成了一件事，但没有进行复盘，相当于你过去所花的时间，只做成了这一件事。如果复盘下来，就可以花很少的时间，将这件事的核心复制下来，为你今后所用。你当初花的一份时间，可以成为日后很多成功项目的铺路石。

复盘，是用极少的精力和时间，做成更多更重要的事情。

现在回想一下，你最近半年都做了什么事情？你是不是头脑一片空白，觉得自己每天忙忙碌碌、劳心费力，却不知道自己每天到底在忙些什么？时间如此宝贵，自己真的把它用在刀刃上了吗？

没有复盘的人生，就像一盘散乱的积木，每一块积木都是你做过的事情，乱七八糟堆在一起，你分不出哪个是重点；而经常复盘的人生，就是把所有的积木，搭成一座座精美的城堡；一眼望去，可以发现自己的过去是规整的，是有架构的，是有成果的。这种秩序感和掌控感，可以让你的人生更加清晰。复盘绝不是一种形式，它有着非常明确的目的，就是为了迭代，为下次行动做好准备。这是很多人都会忽略的一点，没有目的的复盘，自然而然只能是形式。重视形式而忽略目的，就是本末倒置、得不偿失。

那究竟该怎么复盘，才更高效高质呢？按照复盘周期的时间长短，可以分为短期复盘和长期复盘。短期就是日复盘，长期包括但不限于周复盘、月复盘、年复盘。

1 短期复盘简明扼要

日复盘的要义就是简练精要，不要花里胡哨，只是作为长期复盘的一个简要记录和素材。最简单的方法是用 Excel 表格，竖列写上日期，横列划分出正、负、其他三个板块。在正的板块里，写上你所有做对的事情，好的事情；负的板块里写下没有取得预期效果的事情，或者造成一定损失的事情；其他的板块里，归纳一些短期不确定和暂时看不到效果的事情。

日复盘不需要过多的思考和评判，重点就是简单便捷地记录下来，这只是一个大的素材库。一旦你把这件事安排得很繁重，工作量巨大，就无法每天坚持，很容易放弃。越简单的事情，坚持得越久。表格上的内容,也不是完全固定的。或许,过了一段时间你会发现本来是正的事情,变成了负的;本来是负的事情变成了正的;那些不确定的事情,随着时间的沉淀,逐渐显现出了效果。当素材库足够大,案例足够多,我们可分析的样本也就越多,提炼总结的规律也就越可靠。允许自己判断失误,不要追求完美主义,世事总有偏差,完成总比完美好,开始总比观望好。

2 长期复盘的基本格式

通常来说,长期复盘主要关注以下几个方面。

(1)我做对了什么?

(2)我做错了什么?

(3)哪里还需要提升?

(4)备注(日后回顾复盘时写下思考)。

盘点一周事务,思考自己做对了哪些事情?为什么这些事情是对的(是运气好还是方法对)?下次还能用同样的方法做对这些事情吗?我们要基于什么标准判断什么是对,什么是错?这就体现了目标的重要性。所有的事情,在做之前,一定要有目标,有预期的效果。如果这件事与预期相悖或者效果相去甚远,那么就是做错了;如果超出预期,达到很好的效果,便是做对了。做对这件事,隐含着天时、地利、人和,要拆解出来究竟是哪个因素使其产生了较好效果。

对于做错了的事情,要思考当初做这些事情是基于什么样的判断?

为什么行不通？有没有避免错误的方法？除了对错之外，你现在有没有想到还有哪些不足之处需要提升？

这些内容写出来，复盘就大体上完成了。

3 建立复盘库

在长期复盘之后，我们还可以建立单独的复盘库，分门别类地形成一些更精细的高频库。如果你经常做同一类型的项目，那么应该建立一个项目复盘库，写上时间、目标、执行过程、执行结果、复盘原因。很多人的复盘会止步于此，其实，最高级的复盘不是对过去呈现出一个文字性的全局回顾，而是对未来、对下一次执行，形成一个迭代过的方案和策略。

很多人的复盘格式五花八门，环节特别多，这本身就增加了复盘的难度，可操作性极差。如何正确复盘？需要你在复盘时，带着一个迭代的初心，这能让你抓住目标，牢牢地向这个方向推进，而不会走偏。复盘的终局是迭代，是继续做对的事情，不再做错误的事情，尝试做提升的事情。

4 复盘的意义和方法

复盘是需要时时复习的，千万别束之高阁，否则复盘是没有意义的。所有不能为下次行动提供有益借鉴的复盘，都是花架子。在你启动一个新项目时，就翻出项目库，把之前类似的项目复盘翻阅一遍，磨刀不误砍柴工，你就能用极少的时间得到很多启发。回顾复盘，温故而知新，你的经验会不断增加。如果在回顾旧项目时，有了新的感悟，那就及时记录在案例最后的备注栏上。这里展示的就是你不同时期的思考结果，能清晰地看到你的思维成长历程。

最需要注意的是，复盘不是僵化的，上次做对的事情，现在做就不一定是对的。一定不能照搬照抄。如果一件事没能达到预期目标，也有可能恰巧有某种突发性因素造成了阻碍，而这件事的底层逻辑是对的，这样的话，这件事依然可以在合适的时机里尝试。

自由职业者最根本的生存之道，就是把各项工作做好。事务越多，就越需要复盘这个工具。把短期的日复盘当成一个日常记录，把长期的复盘当成深度思考，这两项结合，产生新的迭代方案，运用于下一次行动中。复盘是你的错题本，也是你的成功案例库。当别人一味向前冲时，你停下来复盘，并不会影响你的速度，反而让你明白得失的底层原因，让你在发力时更为迅猛精准。每年年底把所有复盘拿出来，盘点最有成效的项目，就能明显看出来，你在各个项目上花费的时间以及结果。那些花费时间少但成效大的项目，就是优质项目；那些耗时耗力却成果不大的，就是劣质项目。那么我们在制定新一年的目标时，就应该继续做优质项目，少做或者淘汰劣质项目。让你的时间花在刀刃上，让 20% 的时间产生 80% 的效果，而不是用 80% 的时间产生 20% 的成绩。

用更少的精力，更高效的方法，获得更优质的结果，这就是复盘的意义。

行动力：不要将想法扼杀在你的惰性里

行动力是成功唯一的捷径。

很多人的成功都来源于他立刻去做的性格。拖延症会让一个人陷入无尽的混沌之中。无论你有多少绝妙的点子，如果你从未尝试去做，那么它就毫无用处。

在生活中，我见过太多特别有想法的人，但是绝大多数人的想法永远只是想法，从不去实践。他们总是给自己找众多借口，说要等一个机会，等到最佳时机再出手。结果没过多久，他的创意被别人做出了产品，他又抱怨说："这个点子，我早就知道，只是没有做而已。要是我做，肯定比他还要成功。"但是下次他有了想法，还是会选择空想，不去实践。这类可以称为空想主义者，他们很难成功，因为他们最擅长的就是拖延，因拖延而丧失了成功机会。

我在做写作课的时候见过很多这样的人。例如，有个学员告诉我，他有一个绝妙的点子，准备写一部超级有创意的小说；半年过去了，他又找我谈另一个绝妙的点子，说要写一个超级有价值的剧本；又过了两个月，他又找我说，前面的创意太差了，这次他想到了更好的点子，要是写出来，一定能成为畅销书。

于是我忍不住问他："你写了吗？"

他回答我："我想好了再写。"

又过了不久，他发信息给我说："听说××的书出版了，我要是和他一起写，肯定也早就出书了。"

我又问他："你写了吗？"

他说："没写，但我最近有一个绝妙的点子……"

他以为自己是最厉害的那个人，事实上，他确实有几分才华，可悲的是他浪费了自己的才华，从未开始过。而出书的同学写了两年多，写出两百多万字，完成了好几部作品。

如果你有一个绝妙的点子，一定要立刻去做，永远不要等机会，当下、现在就是最好的机会。尤其是自由职业者，很多人经常会把时间浪费掉，觉得反正明天没有什么事，明天再做好了；这件事不一定能成功，放放再说吧；不知道现在入局是不是最好的时机，先不做了吧；这个点子不够好，等我想到最好的点子再开始做；我现在啥也不会，就算做也做不好，再等等看吧。

这是拖延症患者常常说给自己的话。自由职业者，没有了公司的约束，要靠自驱力去工作，很容易变成拖延症患者和空想主义者。

所以，成为行动主义者，对于自由职业者至关重要。

那么，怎样才能成为一名行动主义者，告别拖延症呢？

▷ 1 别等等看，立刻去做

如果你仔细研究，一定会发现，很多行业大佬，他们身上有一个共同特性，就是行动力超强。你和他在社群聊天，刚聊到一个风口，下一秒，他已经安排人做方案，准备布局。他们常说的一句话就是：商机转瞬即逝，下手要快。

永远不要想着最优方法，因为永远没有最优，先开始再完善。先去做，在做的过程中，遇见问题再去解决。

有人想要做直播，觉得自己不会直播，这个想法就一直搁浅，实际上你不开始，不练习，你永远都不会，不是你年龄大了就自然而然会了。实践出真知，只有练习了，技能才能精进，所有事最重要的都是开始。

有人想写作，一直觉得自己基础差，想等基础好一点再开始。其实你理论知识再丰富，还是要从 0 到 1 开始写。写得越多，你的能力越强；写得越久，你的基础越扎实。最重要的事情并不是你基础好不好，而是你是否开始去写。

不管想到什么点子，立刻、马上去实践。只要去做，就有机会成功；如果不去做，就没有一点成功的可能。

▷ 把明天做，改成今日做

小时候学过一句谚语：今日事，今日毕。这句话，很多人都知道，但是大多数人做不到。人性就是这样，越舒服越依赖，所以拖延更符合人性；自律是反人性的行为，可只有这反人性的行为，才会让我们更加接近成功。别人凭什么比你厉害，比你成功，比你赚钱多？就是因为他比你付出得多，比你勤快，比你自律。

自律是自由职业者是否能够成功的关键，本书已经反复强调。

每天早晨把今天要做的事情，按照重要程度列出来，然后开始做最重要的那件事。当你完成那件最重要的事情，你会获得巨大的成就感，从而有动力去做其他的事情。如果你一件事都没有完成，你会不断陷入焦虑之中，最终就可能"躺平"，什么也不做。积压的工作越来越多，不知从何下手，就容易情绪崩溃，失去动力，一事无成。

要不断从完成的事情、成功的事件里寻找动力，这样你就可以拥有强大的自驱力，促使你完成所有工作。

▷ 别怕困难，从此刻开始

明明知道这个机会难得，但是又怕付出心血后，结果不如意，只能选择犹豫不前。这是很多人的特性。

我想告诉你一个我的经验：如果遇见机会，一定要牢牢地抓住它，绝对不可错过。哪怕这件事你可能做起来困难重重，但是当你开始行动了，很多困难都会迎刃而解。要记住的一点是，机会难得，不要因为怕困难就放弃机会。不会做没关系，方法多得是，比如可以先找人帮着做，自己去学习，学会了再做。在做的过程中如果遇见难题无法解决，也可以花钱请教专业人士给我们帮忙。总之，先把机会抓到手里，不能错失良机。

作为自由职业者，性格一定要果断，具有判断力，要有敏锐的嗅觉。看中的事情，排除万难也要做好，哪怕付出一切代价都是值得的。

这里所讲的机会，并不是盲目入局，遇见任何机会，都这样不顾一切，这里所指的机会，是你已经判断出这个项目有巨大的潜力和深远的影响力，后续会给我们带来更多的新机会。那么即使什么也不会，也要接下来，然后再想办法去完成它。

▷ 4 干掉拖延症，成为行动派

拖延的原因是不想去做自己要做的事情，所以下意识逃避，我们一旦了解了拖延症的本质，就可以对症下药。

为什么要逃避要做的事情呢？

原因大概分为以下几点。

（1）习惯把事情放到最后一天、一小时、一分钟来做

改掉拖延症的习惯，可以强迫自己必须在早晨完成一天中最重要的事情，可以在分配了任务的第一天完成所有的事情。完成任务之后给自己一个小奖励，长久训练最终能形成好习惯。

当你真的按照我的方法做了,你会知道告别拖延是一件多么美好的事情。你不再焦虑,不再手忙脚乱,不再抗拒工作。你会享受快速完成任务的成就感,当然,这些体验只有行动主义者才能体会到。

大多数人成为行动主义者以后,都会爱上这种生活方式,这就是为什么行动主义者更容易成功。同样的时间,别人做一件事,他可以做10件事,这就是秘诀。

(2)缺乏做事的动力

很多人的拖延症是因为不喜欢所做之事,所以觉得做起来很痛苦,为了逃避痛苦,则选择拖延,直到不得不做。

针对这种情况,可以尝试换个心情,告诉自己,要寻找工作的乐趣,享受做事的过程。放大工作的价值,比如告诉自己这个项目非常重要,这件事完成后可以帮助很多人,把自己想象成最重要的人才,如果没有你,这事可能就做不了,所以你必须做,而且要做好。

我经常用这个方法,告诉自己你要好好写作,你的文字可以影响读者,使他们的生活质量变得更好,这是任何人都无法替代的工作。我不喜欢直播,但是我经常直播,而且直播还做得很好。每一次直播前,我都告诉自己,你要好好讲,那么多人信任你、喜欢你,你一定要给他们提供价值;他们在其他直播间无法获得这些知识,你很重要,你不可或缺,所以你一定要好好干。

这个方法对我来说非常管用,每次我有抵触情绪,这个方法都能帮助我快速地从抵触情绪中解脱出来,并以积极的心态投入工作。

（3）没有做好计划

还有一部分人之所以有拖延症，是因为他要做的事情特别多，不知道该如何下手，这时候，就会下意识地逃避。

遇见这种情况怎么办？解决方法是学会写计划，包括日计划、周计划、月计划。

搞清楚每天要做的重点事情，根据重要程度列出所有要做的事情。

先做最重要的事情，然后做必须做的事情，可做可不做的放在最后。

每天都按照这个原则去做事，你会发现每天都过得很轻松，而且很快就能完成任务。

做好规划，是自由职业者日常必要的工作。没有人给你期限，你要给自己一个期限，写出每个阶段需要完成的任务，严格按照计划行事，养成习惯。

很多人都羡慕我一天可以做很多件事。我其实就是遵循这个原则来做的。接下来分享一个我的日计划给大家。

① 给自己剪头发——学习新技能（成就感，学习力）

② 办理入学手续，圆我大学梦（必须做的事情）

③ 写这周要录的视频脚本（重要的事情）

④ 为出版社约的一本新书写选题（动力事件）

⑤ 写两篇文章（最重要的事情）

⑥ 看书1.5小时（必须做的事情）

⑦ 给两个合作者梳理产品线（业务）

⑧ 直播两小时(必须做的事情)

⑨ 听一位"大V"半小时直播

⑩ 发头条和微博(重要的事情)

⑪ 录两条视频(最重要的事情)

一天做这么多事情,看起来很难,很多人觉得我每天很辛苦,但是事实上我已经养成了高效工作的习惯,所以做起来并没有那么艰难。

我擅长从所做之事中获得动力,找到让自己继续去做事的理由,这个方法你同样可以尝试。

很多时候,做事情,选择拖延还是行动,只需要思维小小地转化一下就可以了,并没有那么难。当你愿意为成为一名行动主义者而去行动的时候,相信我,你会爱上告别拖延症的自己,因为你不仅告别了拖延症,还告别了焦虑,告别了一团乱麻一样的工作状态。

是否能成为一名行动主义者,决定着你的自由职业之路能否继续下去。

创新力：赢在瞬变时代的利器

如果你坚持做一件事，刚开始的时候，效益非常好，随着时间的推移，你的产品和服务逐渐跟不上时代的发展，没有人再愿意为你买单。长久下去，只有失败一条路。

为什么同样的产品，在不同的时间，拿到的结果却截然不同？根本原因在于没有创意、新意。不管什么行业，一旦有一个新的理念、新的产品出现，很快就会被复制。当大量同样的产品出现之后，你的产品就失去了独一性和核心竞争力。

前面我们讲述了学习力的重要性，拥有了学习力，我们就能根据瞬息万变的市场不断做出优化和改革。无论是国家、企业，还是个人，都需要紧跟时代的步伐，如果一味地故步自封，结果只能是自取灭亡。

短视频刚兴起的时候，很多图文作者都在讲要坚持做传统媒体，不要总是跟随潮流失去本心。结果不到 3 年时间，我们同行里做培训的很多人，就因为错失了短视频这个机会，导致流量断层。

坚持本心没有错，但是还要顺应时代变化，只有如此，你才能拥有更多的机会。我们公司这些年，一边坚持图文创作，一边布局短视频和直播，经过 3 年努力，业绩年年是持续增长的状态。

无论在哪个行业里，最终拼的都是特色，一个人没有自己的创新之处，是没有未来的。

我从 2016 年开始做知识付费，刚开始做知识付费写作社群，推出 21 天写作训练营，结果第 2 年，市场上到处都是 21 天写作训练营，我们的产品失去了核心竞争力。我用了几个月的时间，又策划了年度写作社群，那时候，很少有人做年度社群，我应该算得上第一批吃螃蟹的人。之后年度社群爆火，付费人数超过 1300 人，获得了巨大的影响力。那时候谁也没有想到，年度社群会成为主流社群服务。

年度社群爆火后，很多人也开始模仿我们的社群形式，在这样的大环境下，我开始转换思路，从传统写作基础培训，转变为做特训写作营。以新媒体写作为核心，我们推出的 90 天新媒体写作课，每一期招募人数都超过 500 人。

2018 年和 2019 年，新媒体写作培训如雨后春笋，纷纷冒头，市场饱和。我们的模式不再是独一无二，失去了原有的竞争力。

经过半年的反复思考，我下了一个决心，定位小说写作领域，因为小说写作和写作基础方向很少有人做。而这个定位帮我打出了影响力，很多人都知道我是小说作者，擅长写小说和传授小说写作技巧。

与此同时，我们重启了年度写作社群，开始带着学员开启小说创作之旅。但是小说课导师那么多，大家凭什么选择我们？我决定找到我们的核心竞争力。我重新迭代课程，策划出了很多无戒学堂独一无二的活动，以及可以练习的方法，帮助学员精进写作。

在原有服务的基础上，我进行了大量的改革和优化：增加点评服务，一对一私教服务，学员写作进度跟踪服务等。

在服务和理论的基础上，我又找到了靠谱的合作平台，先帮助大家把小说写出来，然后推荐签约平台，指导学员签约，获得收益。

为帮助学员出版图书，我们又联系了很多家出版机构，帮助学员对接选题出版。

凭借着我们的专业性和服务的口碑，业绩越来越好，公司实现了可持续发展，并且打造出了属于自己的品牌。现在很多人一提到无戒，就知道她是小说课导师和知名小说作者。

以上都是我的经历，为什么要讲这些经历？是想要告诉大家，一成不变永远没有机会。我们所做之事，可能某一天就完全没有了市场，只有拥有创新能力，你才能在千变万化的时代活下来。

后来我做过复盘，若是我没有一直创新、迭代，课程可能早就做不下去了。因为和我一起做导师的人，如今有99%都转行了，只剩下1%的写作课培训仍然存在着。他们能持续发展的根本原因就是顺应时代，跟随市场做出了变革，找到了自己的方向。

创新力是自由职业者能够活下去的根本。

那么，怎样用创新力找到可持续发展的道路呢？

1 要有前瞻性

不管做任何事情，不管做得多大，都要多考虑以后，要有长远的眼光。

比如我们公司，在 2019 年的时候招生困难，我给团队布置任务，要求不惜一切人力物力把平台做起来，包括公众号、小红书、视频号、微博等，这个决策现在看来是非常正确的。

短视频兴起的时候，公司成立内容组，内容组的任务是，不用变现，不用引流，先积累足够的粉丝，以后一定会有用。

直播兴起的时候，我们给自己定了任务，不用变现，先播一两年再说。结果，不管是短视频、直播，还是图文平台，都给我们带来了巨大的影响力，同时解决了我们的流量问题。

2019 年，我们一期免费的 7 天课，招募了不到 100 人，2021 年我们 8.8 元的 7 天课招募了 500 多人，这就是差距。我们的流量池变大，愿意跟我们学习的学员越来越多。

2 不要总想着模仿，要去创新

不管是哪个领域，做什么产品和服务，都要想着超越、创新，不要总想着去模仿成功案例。为什么呢？模仿久了，就会失去个性，没有特色，没有记忆点，就很难持续发展。

我做课程的时候，有个同行，我们出什么课，她就出什么课，我们做什么活动，她就做什么活动。一度我还挺困惑的，直到看到了招生情况，我释然了。我们被抄袭，说明我们做得好。但是有一点她忘了，我们的方向未必适合她，因为我们所擅长的领域完全不一样。

全部照着别人的思路做只有死路一条，找到自己的特色很重要。

每个平台都有大量带货主播，但每个人都模仿李佳琦带货的方式，就一定能卖出产品吗？未必。之前我做直播，我们团队把一个直播间推给我，让我学习那个主播：说话要慢条斯理，动情处要记得哭，这样梨花带雨，大家才会买你的产品。

但是这适合我吗？完全不适合，我要做成那样，我们直播间可能就没有人会观看了，别说学员，我自己都无法接受。东施效颦是要不得的。

不管是课程、服务，还是产品、直播，都要做出属于自己品牌的记忆点。比如大家将无戒学堂的服务称作"写作界的海底捞"，就是因为我们的服务和陪伴课程是核心竞争力之一。

3 > 不要总想眼前利益，多从长远利益出发

创新意味着改革，改革未必一定会成功。每一次改革都要牺牲一些当下利益，这很正常。有人就是因为害怕这点儿牺牲无法下定决心，什么都想要，反而最终一无所获。

做小说培训，也是经过很长一段时间的思考才决定，因为这意味着我们要失去原来新媒体写作的学员，而且想要写作出书的学员有多

少，我们并不了解。当时团队很多人不理解我为何要这样，还记得第一期小说课只有 46 个人，之前我们一期课程都是几百人。

当时我们失去了很多学员，但是用了 3 年的时间，我们用小说培训打出了我们的特色。做这个选择，是因为我本身是小说作者，这个领域和我的契合度更高。而且小说市场相对比较大，从长远发展来说更有前途。

最重要的是经过我的调研，我的同行都是做文案、新媒体、书评、故事等领域培训的，没有人做小说领域，那么我就能补上市场空缺，这对于未来发展是十分有利的。

4▷ 掌握市场风向，及时做出调整

市场风向决定着流量流向，我们必须根据市场变化，不断调整自己的方向及目标。

如何掌握市场动向？可以选择加入一些优质圈子。比如我加入了秋叶大叔的 IP 营，社群里都是行业大佬，一旦市场有任何风吹草动，他们都会在社群里分享。这样我们就能了解行业风向，提前布局。

5▷ 迭代你的产品和服务

可能我们今年的产品这样做没有问题，但是明年还用一样的产品，就失去了新意；失去了新意，就是失去了客户。站在客户的角度去思考，

想他们所想,更要把他们没有想到的提前想到。超预期交付,更容易获得口碑。

结合时代的发展,不断更新产品、迭代产品、优化服务,找到新的点子、新创意,是自由职业的重中之重。创新的基础是有用,任何创新都是为了给客户提供更大的价值,有人把创新等同于猎奇,这是完全错误的。

从现在开始,把以上5点思维作为你成长路上的行事法则,相信我,你一定能够打造出属于自己的影响力,成为常胜将军,在自由职业之路立于不败之地。

销售力：别让用户意识到 TA 在说服我

把很多人拦在自由职业门槛外的一个能力，就是销售。如果你想要获得收入，就要销售你的产品、服务或者你自己。传统的销售是在门店摆摊、上门推销，或者电话推销。传统的销售方式局限性较大，一般都是一对一，你服务于这个客户，就损失了服务其他客户的机会。付出多，效率低，回报少。如果持续依靠传统销售方式，发展会受限。

在互联网时代，销售的方式已经截然不同了。如果用对了方法，销售会高质高效。自由职业者必须学会销售自己，才能持续变现。最高级的销售，就是让客户自己找上门，主动寻求帮助。

1 成为专家，而不是"卖货的人"

作为消费者，一个换着花样推销产品的销售员和一个专业领域深耕的专家，你更容易相信谁呢？不用说，大部分人会倾向于后者，这就是专业的影响力。

你深入了解过产品背后的专业知识吗？如果你在卖自己的产品，那么最应该费心的不是说什么话，而是如何提高你的专业度，成为值得大家信赖的人。如果你能持续学习，成为这个行业的专家，成为客户遇见麻烦时主动来找你帮忙的人，那么你的销售自然水到渠成。

人人都会警惕主动给自己推销产品的销售员，会质疑产品，会质疑价格，会怀疑他别有用心。无论你换什么话术，客户都会觉得你是为了赚钱，你和客户之间就产生了不可逾越的信任鸿沟。而当客户来主动找你帮忙时，你并不是销售自己的产品，而是为客户解决麻烦。为解决问题而付费，客户才会心甘情愿、求之不得。

一个是被动，一个是主动。虽然本质上来讲，区别不大，还是同一套产品，解决同一个问题，但是从客户角度来看，这中间是完全不同的事情。当客户主动来找你时，就交付了百分之百的信任。

信任是成交的基石。你只能把产品或服务销售给信任你的人，而无法销售给不信任你的人。要想成交，必须让客户对你产生信任。

找到你所销售的产品的领域，持续深耕，去了解最底层、最根本性的知识，构建属于你的知识系统。产品只是知识系统中的某个节点。你了解产品方方面面的知识，知晓来龙去脉，能从 1 说到 10，那么，在客户眼中，你便不只是销售，而是一个专家。成为一个专家就可以了吗？并不是，还需要第 2 步，就是建立影响力。

②> 建立影响力

当你掌握了足够多的专业知识，还需要扩大你能影响的圈子。酒香也怕巷子深，不要隐藏自己，如果你有才华和实力，那么就应该适当展现出来。影响力的本质就是你能影响很多人的思维、行动和选择。你的影响圈越大，你的潜在客户越多。

如何建立影响力？现在平台这么多，选择其中一个，将自己的专业能力，用新媒体的方式传播出去，你的知识就是你的内容，你的内容会为你聚集流量，而流量辐射范围就是你的影响圈。选择你最擅长的方式，可以用视频、文字、图片等形式展现。

一开始建立影响力，很多人认为全网分发会更高效，其实不是这样的，每个平台都有不同的红利期。在只有一个人的时候，抓住一两个主要平台好好做，才有可能发展起来。选准一个适合你风格、对新人友好的平台深耕，尝到影响力的甜头，会给你进一步的发展带来动力。

③> 建立销售渠道

当你成为专家，并且初步建立了影响力，这时候才要考虑销售。两个非常高效的销售渠道如下。

一是朋友圈。前文提过,建立影响力后,你的公域粉丝会逐步涨起来,这时要将公域的粉丝引流到私域当中来。通过各种方式,将粉丝引流到微信上,而微信朋友圈就是你的专家展示窗口和销售渠道。

在朋友圈展示你的产品、你的知识,每天最少5条朋友圈,你不用一对一私信客户,他们自己就会来找你。

从公域而来的人,肯定已经建立了第一层信任。长久地看到你的朋友圈,他对你的信任会不断升级。什么人比朋友更可信呢?那便是专家级别的朋友。这就是利用朋友圈销售的秘密。

二是直播。如果说从朋友圈看到的人还隔着一层窗户纸,那么直播便直接将这层窗户纸捅破了。你不再是一个冷冰冰的人,你有性格、有温度、有专业知识,每天都会出现在客户的眼前,像朋友一样亲切。持续有节奏地直播,面对面地展现你的专业度,会让客户增加对你的信任度。新手直播可以考虑视频号。视频号背靠日活几亿的微信平台,客户在点击微信的时候,可以随手点进直播间,最小化直播时还可以继续和别人聊天,这种便捷的方式,给了视频号最好的加成。这是其他平台的直播所不能比的。

直播销售如何选择产品?刚直播时,一定要选择低价产品,因为客户信任度不高,贸然卖高价产品,很难卖得动,还会打击你的自信心。从低价开始,培养客户在你的直播间下单的习惯,也能为你增强自信心。

对于素人来说,直播面临着非常大的心理挑战。你需要不断地给自己进行心理暗示,让自己越来越放松自在。直播的任何情绪变化都会被观众敏锐地抓取到。你需要坦然自若,才能让观众觉得你有底气、有实力。直播促单也是讲究方法的，最好设置限时福利，加强下单的紧迫感。如果没有限时优惠或者福利，观众可能觉得今天和明天下单并没有什么区别。一旦观众产生这种心理，那么这个单子非常可能就没有了。

▷ 4 利他心态

你的产品的核心卖点是什么？这个卖点能解决客户什么样的痛点？你卖的不是一个冷冰冰的产品，你是要替客户解决困难的。销售不要从产品出发，要站在客户的角度，设身处地地为他们着想，秉承着利他心态，仔细体会他遇见的困难，思考你的产品能帮他解决什么问题？你的产品和客户有什么关联？用利他的心态，思考客户面临的困局，自然而然引出你的产品。这样的切入点对于客户来说，是更为轻松自然、更容易接受的。

另外，学会筛选客户非常重要，好的客户会给你带来更多的客户，而不合适的客户，会让你麻烦缠身。什么才是优质的客户？他欣赏你的能力，也会因为你提供的服务/产品价值而主动感恩。他不仅能给你带来能量，更可能成为你的长期客户，并源源不断地介绍新客户。

当你销售产品时，就要明白，互联网时代，影响力容易建立，更容易被摧毁。一旦口碑崩塌，就很难重新开始。所以一定要随时随地维护你的口碑，产品质量一定要有保障。

从传统销售方式到互联网销售方式的转变，需要一定的时间，稳扎稳打，不要求快，先建立一个完善的小体系，然后扎扎实实将其一步步扩大。看得远，做得深，走得久，你就能赢过很多人。用产品赋能品牌，用专业加持产品，互相增益，扩大业务面，这才是正确的自由职业之道。

Chapter 04
第四章

自由职业者生存宝典

时间管理：如何将看不见的时间清晰量化？

时间管理对于自由职业者来说是最头疼的问题，很多人开启自由职业之路后会陷入两个误区：一种是从早到晚一年到头忙个不停，像陀螺一样，陷入繁重工作中，毫不休息；另一种是自由散漫，随性工作，经常陷入迷茫和混乱当中。前者压力太大容易崩溃，后者散漫无节制容易懒惰。如何安排时间，对自由职业者来说至关重要。

在公司里，因为有同事和老板，大家都很自觉地工作。一旦切换地点，回到家里，没有了监管机制，很多人总免不了磨磨蹭蹭地做事情。赖床一会儿，玩会儿手机，看会儿电视剧，一眨眼，半天的时间过去了，什么正事都没有做。把时间浪费在无用的事情上之后，就会陷入焦虑。

英国著名历史学家诺斯古德·帕金森提出过一个帕金森定律：工作会自动膨胀占满所有可用的时间。所以，很多人发现，一项固定的工作如果你只有一个小时，你可以立即做完；但如果给你一天时间只做这项工作，你很可能会拖拖拉拉地直到下班才完成。无论你有多少空闲时间，工作都能够自动将其占满。这会导致什么结果呢？就是效率低下。长此以往，工作很容易积压，职业生涯无法取得良性发展。

任何意识到时间管理重要性的人，都应当立刻做出一系列的调整和规划。经过摸索，形成自己的规律和计划。每年年初，我会做出年度规划，具体到每月做什么。当然任何规划都是可变的，这只是一个大的框架和预想。一旦做出这个规划，就能把每月该做的事情思考清楚，心里有了紧迫感。年度计划就是一条铺好的轨道，能保证一年的工作不脱轨。但是，现实情况是，很多人做了年度计划却从未实施，第二年拿出前一年的年度计划，改改年份重新使用。归根结底，就是执行力不够。

做好年度计划后，还需要每月做一份月度计划，列出每月的重要事项，然后再精确到每周。每天腾出 5 分钟的时间，做一个日计划。不要小看 5 分钟计划，这其实关系到一整天的效率。这个 5 分钟计划就是你一天的目标和动力，一定要清晰明确。

网络上流传的学霸的时间管理，会精确到几点起床、几点吃饭、几点学习什么科目，写得清清楚楚、明明白白，但是这样的计划并非适合所有人，它对自制力偏弱的人而言，是不切实际的。一来，写下所有的生活琐事，会给做计划这件事本身带来额外负担；二来生活中突发事项太多，容易错过时间点，一旦造成混乱，就很难继续执行。

日计划可以只写重点工作，不写生活小事，除非这件事重要到今天非做不可的地步。只写重点工作的好处,就是一眼就能抓住重点,比较容易执行。还有一个很容易被忽略的点是,你所有的工作中,20%的重点工作贡献了最多的价值。因此,先做最重要的工作,哪怕剩下很多细小的工作来不及做,也不会产生太多损失。

如何合理分配一天的工作时间呢?可以将工作时间分为三大块:上午工作时间、下午工作时间和晚上工作时间。以我为例,每天上午我会阅读一小时,写文章两小时,备课一小时;每天12~14点不工作,我会做饭、吃饭,回复一些重要的信息,或者进行其他娱乐活动等;下午开始,我会为学员做咨询,做社群服务,或者给我的团队开个小会,还可以录视频;每天晚上,我会上课或者直播,睡前还会读书,与学员进行交流,回复私信。长期以来,我一直保持这样的工作节奏,所有工作推进得都有条不紊。

做一天的规划,可以使用番茄工作法来保证注意力集中。如果你是一个不自律的人,推荐你买一个计时器。手机也有计时功能,为什么还要特意买一个计时器呢?因为很多人只要拿起手机,就再也放不下了。手机上的干扰信息和娱乐软件太多,有时明明只是想看一下时间,但一秒钟就变成了一个小时,等你回过神时,早已不知道自己的目的是什么了。计时器并不仅仅承担计时功能,它更是一个警醒,是一个紧迫的心理暗示,看到它就知道要好好工作了。想要专注,第一步便是将手机放到远离工作区的地方。怕遗漏消息?怕漏接电话?相信我,在99%的工作时间里,任何消息和电话都比不上完成你手头工作更重要。

把时间设置为工作时间和休息时间,交叉进行。如果你集中注意力持续时间短,那么工作时间可以设置为 25 分钟,5 分钟休息;如果你注意力持续时间长,那么工作时间可以设置为 50 分钟,10 分钟休息。时间长短可以根据自己的习惯自由调节。但一旦按下计时器的开始按钮,就要全神贯注地投入工作,不能有分心走神。用饱满的精力和热情去工作,短暂的几分钟休息时间会变得尤为甜美。只有积极投入工作,休息才会有意义。如果一直在休息,那么休息也会变得寡淡无味。

严格执行番茄工作法,会让你大大提高效率,并且不会特别疲惫,因为预留了充足的休息时间。在休息时,就可以查看消息和电话,处理一些琐事。请务必注意,番茄工作法的精髓在于,一定要严格按照划定时间来进行工作和休息。如果到了休息的时间还在工作,那么也就意味着,到了工作的时间,你依然还在休息。如果第一次打乱了节奏,那么你的时间又会重新乱起来。当然,如果刚开始乱了节奏,你也不要过分责怪自己,只要调整自己,继续执行就可以了。

除了严格按照自己的工作表进行工作,我还会给自己制定每周的奖励制度。我有一个奖励清单,写上了我日常想要的东西和想做的事情。当周末时,把清单拿出来。如果我本周完成了自己的工作目标,就选择其中一个给予自己奖励,比如去自己喜欢的餐厅吃一顿饭,买一束浪漫的鲜花,看一场唯美的日落,听一场音乐会。就像公司会给努力工作的人颁发奖励一样,我们自由职业者,更应该这样定时激励自己,形成正向循环,得到更多的工作动力。

还有一个很重要却容易被忽略的点，那就是假期。上班族有假期，自由职业者当然也要给自己假期。假期不是浪费时间，而是让我们在工作之余能够享受生活。工作的目的不就是为了更好地生活吗？如果所有的时间都用于工作，那就本末倒置、得不偿失了。每年定期给自己放一个假，提前完成重要的工作，确保假期不会被打扰，去喜欢的陌生城市旅行，不做任何攻略，随心所欲触摸陌生的风景，可以让我们的内心彻底放松，有时候会冒出更多的灵感。旅行能让身体和精神从压力中释放出来，恢复满满的精力。

每年6月和12月孩子放假，我会带着孩子回老家陪父母。和亲人在一起的日子，可以让我看到自己的责任，更有动力去完成工作。所以，当你心情烦躁或者感觉工作停滞时，一定要给自己一个假期，去你喜欢的地方做你喜欢的事情。毕竟，这也是我们成为自由职业者的好处之一，不用拼命和上班族抢占热门假期时间，不用人挤人。轻松享受一个自由的假期，会让你体验到自由工作的美好。

成为一位自由职业者，最大的好处，无非就是不用听领导的安排，可以自由制订工作计划。按照自己的计划严格执行，用番茄工作法确保效率，完成工作后奖励自己一个悠闲的假期，这样才能过上更美好的生活。工作中投入百分百的精力，休闲时充分放松大脑，这样的时间管理是一个正向循环，可以让每一位自由职业者保证良好的节奏，提升自己的工作幸福感。

精力管理：一个人如何活成一支队伍

在生活中，你可能会看到两种不同类型的人。

第一类人，明明有很多事情等着他去做，可他就是提不起劲儿。工作的时候心不在焉、敷衍了事，休息的时候又容易胡思乱想，无缘无故感觉很累、很烦躁。白天想睡觉，晚上又忍不住熬夜，第二天一觉睡到中午，身体还是特别乏累。

第二类人，永远看起来元气满满，容光焕发，很有精神气，就像一个永动机，无论做什么都很有力量，有非常强大的感染力，你会觉得他做任何事情都能成功。

这两类人，对应着不同的精力梯度，第一类人，就是典型的精力不足，第二类人属于精力十分旺盛。

你属于哪类人呢？显然第二类人更受欢迎，更能成事。精气神代表着一种生机和力量，能给人以信任感和亲切感，大家会更喜欢和这样的人在一起。

自由职业者的生活很容易不规律，造成精力不足。这种情况势必会影响你的精神面貌和工作效率。如果你想在自由职业这条路上持续且健康地走下去，必须保持旺盛的精力。想要成为一个精力旺盛的人，可以从以下3个方面进行调节。

（1）远离损耗

仔细观察一下自己的状态，找出损耗精力的罪魁祸首。损耗精力的无非就是人和事，你身边存在损耗你精力的人吗？

在你想要前进时，他们拼命扯后腿，数落你、贬低你、阻止你、困扰你，就像一个黑洞，和他们在一起，你会感觉非常疲惫。如果你身边存在这样的人，务必要远离。这些负面的言语会攀爬到你的身上，让你的能量值瞬间降低。

你对正在做的工作，有排斥心理吗？世界上的工作种类真的特别多，如果到了讨厌的地步，最好更换赛道去寻找自己喜欢的工作类型。自由职业者的工作时间不会特别短，如果心情不好，真的会非常损耗精力。每一种工作都有优缺点，如果你不喜欢目前的工作，不妨试着转变一下观念，盯着工作中的闪光点并放大它。怀着喜悦的心情，沉浸式投入工作，更容易用较少的精力去完成较多的任务。与此同时，完成工作任务会给你带来成就感，这样一来，这份工作对你来说，并不是损耗，而是增益。

如果你做不喜欢也不讨厌的工作，会损耗一份精力值；做厌恶的工作，会损耗至少两份精力值；而做喜欢的工作，非但不损耗，反而工作中的乐趣和成就会增加你的能量。因此，精力管理的第一步，便是在最大限度上远离你不喜欢的人和工作。

（2）增益精力

所谓精力，主要体现在身体和精神两个层面。

健康的身体，是精力的基石。自由职业者大多很容易忽略三餐。因为没有了非常明确的上下班时间，三餐也不太固定，长此以往，容易形成慢性疾病。三餐定时，日常多吃蔬果、蛋白质、杂粮，少吃外卖和夜宵很重要。如果条件允许，最好能够下厨做饭，做饭的过程也是一种休息。吃得好，健康才有保证。

现在的人，睡前最常做的事情，就是在床上刷手机、看视频、回消息，一看就不可收拾，直接熬到半夜。这是不可行的。随着年纪的增长，熬夜造成的伤害是不可逆的。重视睡眠，才能有健康的体魄。

如果你失眠严重，可以适当吃点褪黑素或者去看医生。如果心不静，可以听免费的冥想音频，闭着眼一边听一边放松。还有很多白噪音的APP，也很适合伴眠。如果喜欢某种气味，也可以试试睡眠喷雾或者睡前香薰。如果条件允许，还可以睡前泡泡脚；选择一些让人平静的书，当成枕边书，放在床头，每天提前半小时上床看书，一般看半个小时，就会有困意。不要看情节起伏特别大的书。如果是因为烦心事睡不着，那么就用笔把困扰你的事情写下来，并对自己说：明天再解决。这样可以给大脑减负。以上这些方法都可以尝试，一次深度的高质量睡眠，能为你开启元气满满的一天。

运动健身很必要，不仅可以增强体能，更能在这种长期的坚持中，慢慢体会到生命能力的饱满，这种坚持的毅力，会扩展你对身体的认知，一点点挖掘自身的潜能。

从精神层面上，愉悦的情绪可以让你精力饱满。就像我们经常说的，人逢喜事精神爽，良好的心情能让精力充盈。让自己处于一个轻松愉悦的环境，是非常重要的一件事。每天做一件没什么用但是能让自己开心的小事，能加满你的能量。

（3）分配精力

普通人的精力是有额度的，如果你有 100 分的精力，不要花光它，最多花掉 80 分。竭泽而渔的后果就是，你需要花几倍的时间才能修复自己的精力。保留的 20 分精力，用来修复自我，因为修复自我也是需要花费精力的。

每个人在一天的各个时间段的精力值是不同的，有人早起精力旺盛，有人晚上精力旺盛。我们需要找出自己精力值最高的时间，用于处理核心业务。

人生而有限，我们不可能做完自己想要做的所有事情。必须分清楚，哪些是必须做的，哪些是可做可不做的，哪些是可以不做的。一层层去掉可以不做的事情，剩下的就是必须做的。

静心定气，先从让你愉悦的事情入手，做完这件事，它就会给你赋能。大事要稳，小事不计较，很多无关痛痒的小事，根本不值得你浪费精力，盯着你的大目标，把自己调整到能力更高的状态上，坚定地在自由职业这条路上前进。

人际管理：寻找生命中的贵人，一起成长

成为自由职业者后，很多人总有一种误区，以为自己不用和别人打交道，不用建立人际交往圈子。但，人是社会性动物，不可能完全脱离社会而存在。如果不想慢速发展，必须在关键时刻得到贵人相助。最开始我也总是习惯一个人战斗，后来我才发现，如果有人愿意帮助我，我成长的速度会更快。贵人的见识和思维总是在更高级别，有时候，他们的一两句点拨，就能给我带来很多启发。那么，究竟如何才能有更好的"贵人运"呢？

（1）想要吸引贵人，就先成为自己的贵人

当你能让自己从 0 走到 1，或者说，在即将走到 1 的时候，只要出现一个缺口，这时候，就会有贵人来补上。如果你始终是 0，没有专业技能，没有实力，没有资源，没有渠道，那就根本不会有人愿意帮你。

当你依靠自己的能力，把整个摊子"支棱"起来，才能吸引到贵人的注意力。展现你的实力和专业技能，让自己站在更高的舞台上，才能被更多人看见。你能站在多高的舞台上，就能吸引到多高的贵人。

在帮助这方面，很多人的理解是错误的，很多人觉得，人喜欢帮助弱势的一方。但对弱者来说，帮助只是偶然的，是单次的，是饱含怜悯的，是不对等的。事实上，人更愿意帮助强者，而这种帮助是持续的，是欣赏的，是对等的。

（2）如何辨别贵人？

比你厉害、比你更牛的人，就是贵人吗？并不是。有些人高高在上、自以为是，觉得高你一等，总是用俯视的态度和轻蔑的语气对你讲话，如果你接受了他的帮助，暂时解决了一些问题，但以后可能会存在更多隐藏的麻烦。解决短期麻烦，带来长期困境，这种人根本不是你的贵人，你从这样的人身上，不仅没有学会有用的技巧，反而得到了负面的能量。

那么，真正的贵人是什么样？

第一种，实力很强、德行很好，有资源、有经验的牛人，他能用平等心来对待你。实力和德行并存，这种人才可能成为你的贵人。第二种，实力不如你，但是想要追随你，成为你事业上的同路人，帮你成就事业，这也是贵人。近在眼前的亲密团队，胜过远在天边的牛人，因为他们能帮你聚能造势，同心同力地推进项目。

（3）如何链接贵人？

遇见比你强很多的牛人时，主动链接、不卑不亢地寻求帮助，不是什么羞愧的事情。出手要快，"脸皮"要厚，有时候，对方恰恰就是在等你开口。给双方一个交流的契机，就能获得共赢的机会。

当贵人出现在你身边的时候，你已经拥有了值得贵人相助的实力，否则他也不会出现在这里。这时不要觉得不好意思，大胆地与其沟通，这种大大方方的仪态，本身就是一个加分项。

如何链接贵人？一是主动给对方提供帮助，观察对方有什么需求，而你又刚好可以满足，无偿提供帮助，给对方留一个人情。二是主动寻求帮助，带着自己的详细问题，主动询问，但是切忌拖泥带水、纠缠不清，他们的时间很宝贵，可能会点到为止，当对方足够权威时，要学会自悟。这两种方式都可以制造主动链接的机会，有了接触，才可能有下一步。三是主动接受帮助。是的，很多时候，会有一些人走进我们的生活，主动提供帮助时，不要觉得别人居心叵测，更不要觉得自己低人一等，这种心态会显化为外在表现，让人一眼看出你脆弱的内心。不卑不亢接受帮助即可，所有的局势还未见分晓，你成长的空间还很大，对方主动帮助你，肯定是看到了你的潜力。

（4）如何回馈贵人？

在第一次链接之后，如果接受了对方的帮助，并切实得到了有效的改善和提高，可以写一封短信，反馈一下你从对方身上学到的东西，以及取得的成绩，真心实意地感谢对方；或者在你的自媒体上写出关于对方帮助你的文章，让对方知道他的帮助是有价值的，这是一种尊重，能增强他下次帮助你的意愿和信心。同时，要多多关注对方的状态，在对方需要什么东西，而你恰恰拥有时，可以主动提出帮忙。有来有往，关系会更上一层楼。

（5）如何成为别人的贵人？

得道者多助，失道者寡助。当你成长到一定的阶段，就要学会成为别人的贵人。多去帮助别人，帮助你的人也会更多。你帮助人，又被人帮助，循环起来，会成为一个正向闭环，你就能承载更大的事业。越多人希望你能成功，那么你成功的可能性就会越大。

什么样的人难以遇见贵人？

（1）过于自负的人

相信自己一个人能做成任何事情的人，习惯单枪匹马打天下，但容易困在局限思维里。事实上，你看过哪场战役是将军个人打赢的？合作的力量是巨大的，无论个人有多厉害，都很难赢过一个厉害的团队。

（2）过于自卑的人

不好意思接受别人的帮助，能靠自己就不靠别人，觉得向人求助，就会被别人轻视。这种想法是源于不自信。因为不相信别人会帮助自己，也不相信自己能给对方带来相应的价值。同时，有这种想法的人还会散发一种"我不麻烦你，你也不要麻烦我"的气息，生人勿近，就会成为孤岛。

（3）忘恩负义的人

有的人接受过别人的帮助，不仅不会感恩，反而在背后说坏话、做坏事，这是一种嫉妒的表现：虽然你帮过我，但是我现在厉害了，不屑你当初的支援，也不想提当年还处于弱势的自己；如果感谢了对方，就相当于承认当初自己的无能。这样的人，不仅不会得到别人的帮助，身边的合作者也会离他而去。

（4）无限索取的人

当他遇到一个贵人后，就想要得到更多的东西。只知道索取，不知道回报，心里只有一个"拿"字，却没有"给"字。这样的人是能量黑洞，每一个经过他身边的人，都会被搜刮一番。德行不正，友邻俱失。别说贵人了，但凡了解他的人，都会对他避之不及。

（5）极度悲观的人

每天愁眉苦脸，总是怀着悲观的心态看世界的人，很难获得别人的帮助。对于一切事情的发展，总是朝着坏处看，会给人带来负面情绪，自然就没人想靠近了，"贵人运"又怎么能好呢？

"德不孤，必有邻。"成为自由职业者，我们可以享受一个人的时光，但无法硬生生切断和他人的联系。一个人时，享受独处的美好时光；在遇见困难时，也可以寻求他人帮忙。其实，最好的模式是互为贵人，互相搭桥过路，加持成长。每个人都喜欢善意的、充满正能量的人，当你广结善缘，无时无刻不在散发善意时，更美好的事情会不请自来。那些知恩图报、怀有善意，对自我有着清晰认知，愿意为了自己的目标竭尽全力的人，更容易遇见帮助他的人。有句话说：当你知道自己的目标时，全宇宙都会为你让路。所以，让别人知道你的目标，非常重要。如果你不敢让别人知道你的目标，可能就是内心不自信。你都不相信自己，别人又怎么能信任你呢？对自己百分之百地信任，才能获得别人的肯定和助力。打开自我，怀着乐观的心态，大大方方说出自己的目标，坦坦荡荡接受别人的帮助，善意满满地回馈他人的好意，这样的人，"贵人运"会越来越好，自由职业的道路自然越走越顺。

健康管理：给你的 50 个健康小建议

自由职业者长期一个人在家工作，最容易作息不规律，饮食不规律，忽视身体健康。健康是人之根本，因此，我列出了非常适合自由职业者的 50 个小建议，轻松上手，非常容易执行，助力每位自由职业者都能拥有健康体魄。

（1）饮食方面

① 少吃生冷油腻的食物。

② 适当减少点外卖的次数，下载菜谱 APP，自己学做饭。

③ 减少碳水的摄入，米面适量吃。

④ 多吃绿色蔬菜，清炒就可以。

⑤ 如果要吃零食，就备点坚果在家里。

⑥ 增加蛋白质的摄入，每天吃一个鸡蛋，喝一杯牛奶。

⑦ 少喝饮料，不喝奶茶，可以喝茶。

⑧ 口味以清淡为主，少油少盐，少吃糕点、炸鸡等食物。

⑨ 每天多喝水，晨起空腹喝一杯温开水。

⑩ 在固定时间吃三餐，早餐不能省。

⑪ 尽量吃季节性蔬果，少吃反季的。

⑫ 可以把白米饭改为杂粮饭。

⑬ 如果平常吃蔬果太少，可以适当喝维C泡腾片，听医嘱。

⑭ 看电脑时间太长，眼睛干涩，可以适当补充叶黄素，听医嘱。

（2）运动方面

① 用"Keep"等软件，免费在家健身。

② 做些最简单有效的形体运动，如每天贴墙站十分钟，防止久坐驼背。

③ 长时间工作后，记得做肩颈拉伸运动。

④ 培养一个户外运动的爱好，每周出门运动一次，比如跑步、打球、游泳、骑车。

⑤ 坐在椅子上，不跷二郎腿，把背挺直。

⑥ 有氧和无氧运动换着做。

⑦ 有条件的话，可以办张健身卡，怕浪费钱就得去锻炼。

⑧ 能站着不坐着，能坐着不躺着。

⑨ 吃完饭别立刻坐，多站一会儿，有助于消化。

⑩ 工作间隙做一些简单的护眼运动，放松眼睛。

⑪ 每天固定半小时运动,可以是跳操、瑜伽、八段锦、站桩等。

(3) 睡眠方面

① 尽量在午夜前睡觉,如果可以,十点左右睡觉最好。

② 睡前手机设置免打扰,或放在客厅,没有什么消息比睡觉更重要。

③ 睡前可以用热水泡泡脚,助眠且有益身心健康。

④ 养成冥想的习惯,定心安神。

⑤ 睡前阅读半小时。

⑥ 睡前可以听白噪音,如鸟语或河流、潮汐、森林的声音。

⑦ 睡前3小时别吃东西,尤其忌油腻生冷夜宵。

⑧ 保证每天最少8小时的睡眠时间,如果不够,中午小憩半小时。

⑨ 熬夜之后,补觉也没用,所以别熬夜。

⑩ 早上不要赖床,固定时间起床。

(4) 情绪方面

① 减少忧虑,别为明天的事情发愁。

② 让你感觉不舒服的关系,立刻切断。

③ 别把他人否定的评价放心上,关他什么事?

④ 别因为做错了事而过度指责自己,犯错没什么大不了的。

⑤ 减少无用的社交,尤其是八卦类的。

⑥ 遇见大事要冷静,别慌张。

⑦ 每天多笑笑,保持心情舒畅。

⑧ 情绪低落很正常,去做让自己开心的事就会好。

⑨ 对过程尽力，对结果释然，不要有太大的压力。

⑩ 迷茫焦虑的时候，别想未来，先做好手头的事。

⑪ 列一份"愉悦待办清单"，在情绪低落时，随意挑几件清单上的事做一做。

⑫ 和让你快乐的人做朋友，非常重要。

⑬ 别沉浸在网络负面新闻中，可以关注，但别让它影响生活。

⑭ 不要用情绪不好作为借口，去推脱工作。

⑮ 培养一个让你心情愉悦的小爱好。

以上 50 个小建议，能够帮助你养成良好的习惯。成功最后拼的是身体和精力，没有健康的身体，精力和能量却被无限消耗，是无法坚持做成任何事的。

况且我们不管是上班还是做自由职业者，都是为了拥有更好的生活，没有了健康的身体，所拥有的一切都会失去意义。因此我们一定要爱惜身体，做好健康管理。

情绪管理：调整心态，增强抗压能力

稳定的情绪对于自由职业者来说有多重要？业务繁多，没有人替你分担，所有事情堆成一团乱麻，很容易让人产生情绪波动。有些人心情好的话，就会多做；心情不好的话，就会少做，这样就无法形成稳定的产出，会影响个人成长。一旦哪天情绪崩溃，就像多米诺骨牌一样，产生一系列负面效应。因此，每一位自由职业者的必备技能中，情绪管理要排在前面。毕竟有了稳定的情绪，才有稳定的精力投入工作中。

成为自由职业者初期，很多人都特别兴奋，想要大展宏图，自由工作。这股精神气其实并不能支撑自己走很远，随之而来的孤独、压力、不安全感，随时可能会把人淹没。长期的情绪低落会磨损一个人的意志。人有悲欢离合，出现情绪是非常正常的一件事，但是一定要小心不要被情绪操控。

当你被情绪操控时，要不要做某件事，会全凭个人心情好坏。开心了就做事，不开心了就"躺平"，做事虎头蛇尾，形成负向循环。心情不好，就做不好事情；工作做不好，各种情绪又涌上心头，反反复复。

这样的人，通常会有"负面情绪依赖症"，对负面情绪非常上瘾，一边痛苦一边享受着。为什么会上瘾？因为负面情绪其实对他有利，他能从负面情绪上获得安全感。这听起来很荒谬，但这是事实。

想要偷懒或者想要放弃的时候，就可以心安理得地把这种"想法"归结为负面情绪所致。"因为我最近情绪不好，所以才没有做好呀。""今天太热了，没有心情工作。""最近有点焦虑，啥也不想做。"

对这些人来说，负面情绪出现的那一刻，代表他们终于可以光明正大地停下那件很辛苦的事情，休息一会儿。窝在低落的情绪中，他们甚至倍感安慰。

把负面情绪当成自己不想做事的借口非常可怕。在你想要放弃的节点上，"负面情绪"就成了退路，成为安全感的来源。如果不把过错归结于情绪，那么"能力不足"的真相就会浮出水面。他们怎么可能承认这点呢？为了保护自己脆弱的内心，只能让情绪"背锅"了。

有时候我们太习惯于用情绪做借口推脱一些事情，到最后，你也不知道是情绪自己涌现的，还是你把情绪召唤出来的。你彻底成了情绪的傀儡。

当负面情绪汹涌而来时，如何解决这个问题呢？

首先要识别接纳。情绪的变化就像晴雨天一样，是很自然的事情。一旦消极情绪出现，千万不要拒绝。当你产生"我不想焦虑""我不想低落"这样的念头时，就是在与之对抗，而对抗就是在喂养情绪，增强负面情绪的力量。试着坦然接纳负面情绪，承认并且允许其存在，与之和平相处。

接着，可以静静地观察，想象情绪是一片云彩，以旁观者的角度来对待，静静地看着它，不评判不抗拒，这就是抽离。不让自己沉浸在负面情绪中，对情绪的控制非常有好处。

接着就要行动起来，停下手中的工作，做一些让自己轻松愉悦的事情。

（1）运动

可以去健身房打拳、跑步，如果不想出门，也可以在家做瑜伽等。如果平常没有运动习惯，不要一下子做剧烈的运动。简单运动之后，身体会产生多巴胺，能缓解消极情绪。

（2）出门

长时间憋在家里一个人工作，单调的生活和工作会让人感觉枯燥，很容易情绪低落。这时候，很适合出门走走，去喜欢的餐厅，看喜欢的展览，在人群中感受烟火气息的快乐；或者来一个说走就走的旅行，去周边城市转一圈，新鲜感会让你喜悦起来。

（3）交流

一个人对着电脑工作，一个人吃饭，没有人交流成了自由职业者的难题。如果你遇到一些事情，憋闷在心里，无人诉说，也会情绪低落。

这时可以约上好朋友见见面，互相交流，说说烦心事，让这些负面情绪得到排遣。

（4）阅读

给自己放半天假，进行沉浸式阅读，在知识的海洋里畅游，很容易汲取到一些能够触动自己心灵的力量。不管是获取知识的满足感，还是内心被触动的微妙感动，都可以驱走负面的情绪。

（5）整理家务

收拾好乱成一团的工作桌面；把所有衣服拿出来，洗洗晒晒收拾整齐；用吸尘器把地面清理得干干净净；冰箱里过期的食品扔掉，补充一些新鲜的蔬菜水果和饮料……做家务的过程，就是在整理自己杂乱的内心。一点点把自己周围的环境整理好，情绪也会逐渐走向有序。

（6）看电影

找一部轻松愉悦的电影，跟着主人公来一场快乐的旅行，让自己笑起来；或者看一部悲伤的电影，跟着主人公痛哭一场。电影就是载体，让压抑在内心的情绪外化出来，也对消除负面情绪很有好处。

（7）冥想

拉上窗帘，遮住强光，营造一个安静、昏暗的环境。播放一段舒缓的音乐，可以是自然的水流声、森林的风声，也可以是专业的冥想音乐。自然地坐在舒适的地方，闭上眼睛，放松身心听着音乐，让杂念被清除出脑海，也可以消解一些负面情绪。

（8）写情绪日记

这是很多心理咨询师推荐的方法。拿出一张纸，一支笔，开始进行无意识写作，不用管主题、逻辑、合理性，想到什么，就写什么。让情绪带着你的笔，写下所有的文字。沉浸式写半小时，你会发现，自己的负面情绪减轻了很多，因为都写在纸上了。

（9）睡觉

如果你真的什么都不想做，那就吃一顿自己喜欢的饭，喝喜欢的饮料，让自己放松一下。吃完喝好，就可以躺平睡觉了。睡到自然醒，什么都不用顾及。哪怕是白天，也有睡觉的权利。睡好了，精力更旺盛，负面情绪也会随之消退。

情绪产生后，最重要的就是给它一个出口，让它发泄出来，当然，消解负面情绪的方法不止这些，如果你有更好的方式，也可以进行尝试。

想象你有两个情绪储存罐，一个收集消极情绪能量，一个收集积极情绪能量。当消极情绪的能量大于积极情绪的能量时，整个人就会消极低沉；当积极情绪的能量大于消极情绪的能量时，就会感到开心愉悦。所以，我们在日常生活中，要注意观察两个情绪储存罐的能量变化，这样可以防患于未然。每天特意多储存一些积极情绪，比如每天给自己半小时的自由时间，这段时间什么都不安排，就做你自己纯粹喜欢的事情。每天用半小时为积极情绪积蓄能量，可以使自己的精神状态更积极向上。

自由职业者的消极情绪，有一部分来自自我价值的不认可。因为没有传统公司的评价系统，没有参照物，就像一个人航行于大海，失去了坐标和方向，很多时候缺乏肯定，就会迷失在繁忙的事务中，觉得自己做的事情毫无意义。这个时候，就需要写下你做自由职业者的初心和愿景，当你有着非常明确的目标时，自己也会动力满满。在你取得一些标志性的小成功，感觉自己有突破时，就用文字记录下来，这就是你的成长足迹。当负面情绪再次袭来时，还可以翻阅自己的成功事件，看看自己是如何从零走到现在的，这种巨大的进步，会让你感觉自己现在做的事情是有价值的。

每个人都会有非常多样的情绪，自由职业者也不例外，不要太重视，也不要不重视。千万不要产生负面情绪依赖症，不要让它成为你停滞不前的借口。有时候，消极情绪是身体疲惫的一种表达方式，它在提醒我们应该休息了。小憩一下，重整装备，才能再次出发。

税务筹划：解决个人税务和公司税务的方法

对于自由职业者来说，另一个大的挑战就是怎样纳税，如何缴纳五险一金，为退休生活做好保障。在我国，个人所得税应税所得项目包括9个：工资、薪金所得；劳务报酬所得；稿酬所得；特许权使用费所得；利息、股息、红利所得；财产租赁所得；财产转让所得；偶然所得。不同的经济业务对应不同的税目和税率。

自由职业者获得的主要是劳务报酬，由支付单位代扣代缴个人所得税，不足2万元部分适用税率为20%，2万～5万元部分适用税率为30%，超过5万元部分适用税率为40%。

劳务报酬所得是指个人从事设计、装潢、安装、制图、化验、测试、医疗、法律、会计、咨询、讲学、翻译、审稿、书画、雕刻、影视、录音、录像、演出、表演、广告、展览、技术服务、介绍服务、经纪服务、代办服务及其他劳务所得。

针对居民个人劳务报酬所得,国家也有一定的税收优惠政策。自由职业者适用的个人劳务报酬所得税扣缴标准如下图所示。

个人所得税预扣率表二

(居民个人劳务报酬所得预扣预缴适用)

级数	预扣预缴应纳税所得额	预扣率(%)	速算扣除数
1	不超过20000元	20	0
2	超过20000元至50000元的部分	30	2000
3	超过50000元的部分	40	7000

个人所得税预扣率表三

(非居民个人工资、薪金所得、劳务报酬所得、稿酬所得、特许权使用费所得适用)

级数	应纳税所得额	税率(%)	速算扣除数
1	不超过3000元	3	0
2	超过3000元至12000元的部分	10	210
3	超过12000元至25000元的部分	20	1410
4	超过25000元至35000元的部分	25	2660
5	超过35000元至55000元的部分	30	4410
6	超过55000元至80000元的部分	35	7160
7	超过80000元的部分	45	15160

劳务报酬是按20%～40%预缴，次年的3月1日到6月30日再按3%～45%进行汇算清缴，多退少补。不考虑6项扣除，一年收入在102万元以上，就要按45%的税负交税了，这个金额算比较高了，而且很多的个人收入并不是真正意义上的个体，以部分线上授课讲师为例，有很多的人看似单打独斗，但是在观众看不见的地方，还有直播助理、视频剪辑师、社群运营人员等。在这种情况下，如果没有做好税务筹划，就会面临高额的税负，这个时候就要考虑运营模式的转型。

那自由职业者的个人所得税有没有筹划空间呢？

第一种方法，如果自由职业者取得报酬较少（不超过500元每次/日），每月不超20000元，用工单位可以载明收款单位名称、个人姓名及身份证号、支出项目、收款金额等相关信息的收款凭证及会计原始凭证进行合法扣除。也就是说，如果每次的劳务报酬在500元以下，每月不超20000元，提供以上的证明材料就不需要缴纳任何税费了。

第二种方法，"六项扣除"也可以减少一定的个人所得税缴纳金额。六项扣除是什么意思？如何运用？我们一起来了解一下。

子女教育：纳税人的子女接受全日制学历教育的相关支出，按照每个子女每月1000元的标准定额扣除。全日制学历教育支出包括满3岁至小学入学前的学前教育支出，以及小、初、高、中职、技工、专、本、硕、博的学历教育支出。

继续教育：纳税人在中国境内接受学历(学位)继续教育的支出，在学历(学位)教育期间按照每月400元的标准定额扣除（最长不超过48个月）；接受技能人员职业资格继续教育、专业技术人员职业资格继续教育的支出，在取得相关证书的当年，按照3600元的标准定额扣除。

大病医疗：在一个纳税年度内，纳税人发生的与基本医保相关的医药费用除去医保报销后发生的支出，即个人自付累计超过15000元的部分，由纳税人在办理年度汇算清缴时，在80000元限额内据实扣除。

住房贷款利息：纳税人本人或者配偶单独或者共同使用商业银行或者住房公积金个人住房贷款为本人或者其配偶购买中国境内住房，发生的首套住房贷款利息支出，在实际发生贷款利息的年度，按照每月1000元的标准定额扣除，扣除期限最长不超过240个月。纳税人只能享受一次首套住房贷款的利息扣除。

住房租金：纳税人在主要工作城市没有自有住房而发生的住房租金支出，定额扣除标准为：直辖市、省会(首府)城市、计划单列市及国务院确定的其他城市，扣除标准为每月1500元；市辖区户籍人口超过100万的城市，扣除标准为每月1100元；市辖区户籍人口不超过100万的城市，扣除标准为每月800元。纳税人的配偶在纳税人的主要工作城市有自有住房的，视同纳税人在主要工作城市有自有住房。

赡养老人：有赡养义务的子女赡养一位及以上60岁以上父母、子女均已去世的祖父母、外祖父母的支出，统一按照以下标准定额扣除：纳税人为独生子女的，按照每月2000元的标准定额扣除；纳税人为非独生子女的，由其与兄弟姐妹分摊每月2000元的扣除额度，每人分摊的额度不能超过每月1000元，可以由赡养人均摊或者约定分摊，也可以由被赡养人指定分摊。

举个例子，在上海，一位月收入在2万元的独生子女，有两个正在上学的孩子，租房住，老家有房贷，享受政策前后，纳税金额的差异如下。

项目	年综合收入	免税基数	子女教育	继续教育	大病医疗	住房贷款利息	住房租金	赡养老人	交纳税所得额	纳税额
享受前	240000	60000	0						180000	19080
享受后	240000	60000	24000	0	0	18000		24000	114000	8880

相对比后，一年少交个人所得税 10200 元。多赚 10200 元很难，但运用好国家政策，省 10200 元就很容易。

但是要注意，个人所得税专项附加扣除额一个纳税年度扣除不完的话，不能结转以后年度扣除，也就是说你去年没享受的政策，到了今年就过期了。

第三种方法，以灵活用工的方式让企业和个人的劳动雇佣关系转变为合作关系，告别公对私结算佣金，由合作平台智能结算薪酬，并开具增值税专票。具体操作方法如下。

用工企业以业务外包 / 岗位外包的形式将拆分的短期、临时的工作任务外包给灵活用工平台，平台根据用工企业的要求选定合适的自由职业者进行二次转包，并由平台进行收款并为自由职业者结算服务报酬。需要注意的是，现在有很多的平台是"真用工，假灵活"，里面会有一些风险，所以在选择平台的时候选择一些大的平台，比如说一些上市公司的灵活用工平台会更靠谱。

第四种方法是成立个体户，自由职业者在对外开展业务的时候，以个体户的名义开展，很多地区的个体户的个税是可以核定的，所有的税加起来，不会超过3%，如果你有200万元的收入，正常要交45%的税，通过改变主体性质，只用交3%的税，这个节税比例是非常大的。需要注意的是，个体户在经营范围上有一定的限制，比如说经营范围为咨询类的就不能成立个体户。

第五种方法是成立有限公司，目前资产在5000万元以下，年收入在500万元以下，人数在300人以下的小微有限公司是国家减负的重点，很多的税收优惠政策都在向这种公司倾斜。比如年利润在100万元以下，按2.5%的标准交企业所得税；利润在100万～300万元，按5%的标准交企业所得税。这种方式更适合只有几个人的小团队，与个人直接从事业务相比，不仅税负低，而且风险也被隔离。你所从事的商事活动是以公司的形式开展的，如果遇到什么意外，比如公司破产等风险，可以以公司的资产为限进行赔偿，不会连累到个人的头上。

税务问题对于自由职业者来说，确实非常复杂，最简单的方法就是找一家财务公司帮忙处理税务问题，省时又省力。如果公司业务稳定，也可以聘请财务人员处理税务问题。

基础保证：缴纳五险一金消除后顾之忧

除了税务问题之外，自由职业者还面临一个问题，就是社保和五险一金怎么解决？

社保全称社会保险，是一种由国家管理、带有社会福利性质的保险，有着无可比拟的优势。有了社保，能给人们的生活带来不少保障。

而对自由职业者而言，一是国家没有强制要求缴社保，全凭个人自愿；二是很多人对社保自助缴纳流程完全不懂，因此更容易忽视社保问题。

但不缴纳社保，个人基础保障能力将来可能严重不足。年轻时往往觉得这对自己影响不大，但到了一定年龄，不管是生病还是养老，一旦经济来源受到影响，就会意识到社保的珍贵。

更重要的是，在很多地区，社保和购房购车、积分落户、子女上学等政策密切相关，即使收入再高，没有社保也无法解决基本生活问题。

自由职业者的养老问题，到底该怎样解决？让我们先来了解一下社保，再做规划。

1. 养老保险

全称为社会基本养老保险，其作用是被保人退休后，定期向被保人支付养老金，起到养老规划的作用。

养老金由企业和个人分别承担一定比例，目的是让我们"老有所养"，按规定累计缴满15年，达到国家规定的退休条件并办理退休手续后，就可从社保部门按月领取养老金以保障年老后的基本生活。缴费基数高，现在缴费越多，退休时领取的养老金越多。

2. 医疗保险

医疗保险的作用是为被保人提供医疗保障，即有针对性地报销被保人因治疗疾病产生的医疗费，由企业和个人共同承担，如果生病需要买药或者就医，在可以使用医保卡的药店或医院，可以根据一定比例报销，也可以用医保卡买一些常备药物。

3. 生育保险

这个保险主要针对生育期间被保人无法正常工作、暂停工作造成的经济损失进行补偿，由企业承担，个人不需要缴纳额外费用。女性生育期间可以领取生育金，具体金额根据个人缴费基数和工作单位上年度平均工资来确定。

4. 失业保险

失业保险主要是为失业人员提供一定的资金支持，帮助其度过失业困难期，由企业和个人共同承担。如果是被动失业，比如公司破产等非个人原因失业，可以去社保局申请领取失业保险金，领取期限根据失业前累计缴费时间来确定，最长不得超过 24 个月。领取标准根据失业人员前 12 个月的平均缴费基数来确定。

5. 工伤保险

工伤保险，顾名思义就是针对职工因工受伤提供保障。如果被保人因工作原因发生意外受伤，可以获得相应的赔偿。由企业全部承担，个人不需要缴纳。

6. 住房公积金

由企业和个人共同承担，可用于租房或者买房。买房时用公积金贷款利率较低，可以省下几万元，甚至几十万元的贷款利息。租房时也可以直接提取出来交房租。以上海为例，可以直接线上操作提取公积金，每月最高可以提取 2000 元，一次性可以提取 3 个月，也就是 6000 元。

作为自由职业者，五险一金的问题怎么解决？

可以考虑以下几个办法。

方法一：以城乡居民的身份去户籍所在地的社保局（部分地区为税务局）缴纳城乡居民基本医疗保险和城乡居民基本养老保险，享受本地居民的福利待遇。这种保险面向城镇居民户口或农村户口，没有固定工作并且收入较低的群体开放，保费来说相对较低，而且每年的缴费比较固定。

这时候，有人可能会提出一个疑问：不是还有"新农合"吗？多交一份是不是就能在看病的时候多报销？其实不是的，大家千万不要交重复了，而且这种居民社保报销的比例比新农合的高，所以不要浪费钱。

当然，交的钱少，意味着退休后的养老待遇和医疗报销待遇也比较低。还有很重要的一点是：领取养老金的年龄也不同。以女性为例，一般在单位工作的女性，退休年龄为50岁；而一名女性自由职业者，一般要到55岁才可以办理退休，以后如果延迟退休的政策正式落地，可能还要更晚。除此之外，不同于职工医保（缴纳满足一定年限后可以享受终身免费医疗），这种居民医保的特点是参保一年就保障一年。

方法二：以灵活就业工作人员参保。

2021年灵活就业人员社保缴费档次可以在60%～80%自由选择，同时还允许灵活就业人员补缴社保。2022年养老金实现18连涨，相对应的缴费基数也上调，缴纳的费用也在增加，一般每一年交的费用都是呈增长的态势。

国家针对就业困难的灵活工作者增加了社保补贴这一项，各地标准不统一，读者要及时了解自己所在地的补贴政策，以当地人社部门的规定为准，尽可能不要让自己的社保断缴。

如果经济条件允许，建议自由职业者交职工社保，缴费时选灵活就业人员医保、养老保险。虽然各地政策有差异，但通常来说，职工社保待遇会更好。

虽然职工社保或居民社保都会缴纳医保和养老的费用，但是缴费基数和退休待遇完全不同，后者相当于"低保"，缴费较低，退休每月的可领金额和医疗报销的比例也相对较低；前者则根据个人缴费年限和缴费基数的情况，多缴多得，长缴多得。

个人缴纳社保与企业统一缴纳有很大的不同。灵活就业人员的缴费档次在60%～300%，鉴于灵活就业人员工作和收入的不稳定性，如果选择过高的缴费档次，也是一项较大的负担。因此，在实际的社保缴费过程中，灵活就业人员缴费档次在60%～100%较为稳妥，注意保持相对较长的缴费年限，这样的话对于个人就比较有利。

用商业保险规划养老也是很多人的选择。我国的人力资源和社会保障部也反复提出商业保险（包含银行理财、商业养老保险、养老目标型基金）是未来养老的主力军。银行理财也好，商业养老保险也好，或是养老目标型基金也好，都属于第三支柱养老保险，它们都有一个特点，就是让钱在长时间的复利作用下高效增值，且确保稳定增值，不能冒太大风险。

自由职业者自己交社保是不错的选择，建议按照最低标准缴费，同时要买份定期寿险对冲风险，要过更有品质的生活，还可以补充商业养老保险。

Chapter 05
第五章

从个人思维转为老板思维,实现真自由

终极目标：从个人思维转为老板思维

很多人渴望成为自由职业者，但是很少有人一生都在做自由职业者，因为自由职业者的尽头是创业。

为什么那么多的自由职业者，最终都开始了创业之旅？因为当你真的成为行业专家，具有更大的影响力，业务必然越做越大，你会发现你没法一个人搞定所有工作。你需要更多的人手，才能承接所有业务。

一个人活成一个团队，这是自由职业者最常说的一句话，这句话中的辛酸是常人无法理解的。原本我们希望成为自由职业者，可以腾出更多的时间去做自己想做的事情，但是当你真正开启了自由职业之旅，你会发现自由职业的自由，是世界上最大的谎言。可能在公司上班是"996"，是单休，但是当你成为自由职业者之后，你会发现你永远在工作，几乎没有自由可言。

我曾经在火车上给我们的学员上课；曾经在参加亲人葬礼的晚上，躲在厕所里写稿子；在法定节假日里写稿子、上课、组织活动更是司空见惯。孩子无数次抱怨我没有时间陪伴他，丈夫也多次暗示我要多关心家人，甚至父母都告诉我他们不敢给我打电话，怕在我忙的时候打扰我。

可能有人说，那你不能少做一点事吗？这样不就可以自由了吗？当你进入这个行业之后，你就会懂得，影响力来之不易，一旦你消失一两个月，可能你就要永远消失了。除非你是名人，或者超级大 V，素人能做的只有乘势而上，而不是停下来。现在各个行业竞争都很激烈，入局的人越来越多，如果你不持续曝光，那么你一定会被遗忘和淘汰。

为了获得影响力，你不得不学会很多技能，比如我的职业是作者、自由撰稿人、讲师，为了拿到更多的业务，我必须去直播、录短视频、在各个平台发表文章、在朋友圈发文案、去做演讲等。同时我还在做课程，我需要做好运营、答疑、点评，以及一对一辅导。

这样一来，我写作的时间被无限压缩，甚至一些业务因为没有时间做，只能放弃。在这种情况下，组建团队的重要性日益凸显。

大多数自由职业者，都是因为这个原因开始组建团队，包括一些网红，开始的时候一个人直播，一个人录制视频、剪辑，一旦有了名气和影响力，业务量暴增，他们都会组建自己的团队，完成从个人到创业者的转变。

创建团队的好处是什么呢？

1▷ 把你真正解放出来，去做你想做的事情

如果只有一个人，你可能会被无数件事情不断地分散精力，最终什么事情也没有做好，反而把自己搞得精疲力尽。甚至因为没有时间和精力去承接新的业务，失去大量的合作机会，甚至损失信誉。

没有精力去提升自己的专业，止步不前，很快会被市场淘汰。而组建团队，复制出无数个你，帮你分担一些不需要你亲自去做的事情，可以把你从繁杂的事务中解脱出来。

比如我组建团队之后，有人帮我更新文章、剪辑视频、做社群运营、解答一部分学员的问题，这样我就可以腾出时间做课程、做直播、写作、找合作资源，如此形成良性循环。有时我接到稿子没有时间写，就分给助教或者团队小伙伴，公司只拿少部分提成，这样不仅可以帮助团队成员增加收入，也完成了甲方的任务，获得了更多合作的机会。

更重要的是，一个人做事，局限性太大；团队作战，是一群人的智慧，胜算更多。

2▷ 团队和公司显得更专业，更容易做出口碑

一个人做事的时候，总是会遇到这样那样的问题；成立公司之后，沟通成本会明显降低，很容易获得他人的信任，从而达成合作。

从服务上来看，团队一定比个人更精细、更贴心、更专业，更容易赢得口碑。

仍以咨询为例，若只有一个人，针对十几个人的咨询结束之后，大概率已经精疲力尽，很难有后续跟踪服务。但是有了团队之后，不仅可以给客户提供咨询服务，还可以提供为期一个月的跟踪指导服务，客户满意度更高。

或许你一个人可以服务20个学员，但是如果你有一个团队，无论你招募多少学员，都可以提供更优质的服务，营收可以翻几倍。

当然创业并非一帆风顺，一定会存在着各种各样的困境。

那么组建团队的困难在哪里？

从个人过渡到团队，会遇到很多问题，这些问题可能从一开始就吓退了一部分人。

做团队要成本，并且这个成本还不低。之前有几个同行和我聊过关于组建团队的问题，他们表示，自己一年都挣不了多少钱，带团队压力过大，而且最后可能还要赔钱。他们的顾虑是有道理的。

尤其是一个人单打独斗惯了，刚开始做管理，完全无从下手，甚至感觉还不如一个人痛快。当自己辛苦赚到的钱，发到什么都不会的员工手上，心理更是很难平衡。

也因此很多人的创业之路未始即终。

其实很多事情，要用长远的眼光来看，而不要关注短期利益。

前面提到的同行最终都决定自己做，不建立团队，哪怕未来少赚一些，但胜在比较安稳。但是事实上，3年过去了，我们学堂发展得越来越好，影响力越来越大，而他们的业务骤减，招生困难。

为何会有如此大的差距？原因在于，有团队帮我做平台运营，录制短视频、提供服务，在各个平台都积累了大量粉丝，我们有了源源不断的流量，当然业务也就越来越多。我们全网布局，相当于有了很多蓄水池。有了蓄水池，就不怕没有业务。

但是如果一个人做，光做好现有社群的维护已经够难了，哪还有时间和精力开疆扩土呢？

这就是组建团队的作用，可能当下并没有赚到多少钱，但是5年、10年之后，你的发展，一定比个人单打独斗好得多。

从长远来看，组建团队是自由职业者想要得到真自由的最好选择。当然你组建团队之后，可能会存在管理上的问题，不过没关系，所有不了解的领域，都可以通过学习来取得更好的结果。这就是前面章节中强调学习力重要性的原因。

组建团队：把钱分出去，把人招进来？

自由职业者初始阶段意识到团队作战的必要性，想要走向规模化时，便会开始准备招人。但是长期以来形成的个人思维，可能会成为组建团队的绊脚石。个人作战和团队作战截然不同，个人作战更看重自己的能力，你的能力有多高，决定你能做多大；而团队作战讲求的是排兵布阵的能力，需要整体配合，不能出现特别明显的短板。

总体来说，组建初创团队容易踩的坑有以下几种。

1 招到不合适的人

创业就是做对事，找对人，挣到钱。你的团队应该是推着你向前走，而不是拽着你向后退。团队应该是你的助力，而不是阻力。

第一次招人，自信心不足，没有相关识人经验，可能也不会有特别规范的面试环节，这些都并不致命，但很多人根本没有想清楚团队需要什么样的人，仅凭着直觉，感觉对方还不错就会招进来。如果是这样的话，后期肯定会出现问题。

那不能招什么样的人呢？自驱力不强、行动力很弱、拖延症严重、人品有问题、没有责任心，这样的人都不能要。

另外，不要轻易和好朋友合伙，合伙人不是看关系有多好，情谊有多深，更多的是看对方与你的性格匹配度、能力和责任心。如果你和好朋友合伙，万一后期出现问题，你们可能连友情都无法维持。工作不是讲人情的地方，一旦人情大量掺杂在团队中，难免会让人公私不分，使公司管理混乱不堪。

2 职责不清，分工不明

之前都是一个人工作，习惯了独来独往，建立团队后，没有建立规章制度，很容易让新来的同事不知道自己的责任和工作规范。有人的地方就有江湖，如果江湖没有规则，那么混乱就是常态。当一个人不知道自己的职责时，就很难主动做事，每天只等你分配任务，这会增加你额外的工作量，团队也处于一个被动的状态。如果同一个工作，今天给了A，明天给了B，不仅浪费人力，提高了沟通成本，而且一旦出现问题，大家就会互相推卸责任。当每个人都对这件事有责任时，恰恰说明每个人都不用为结果负责。不用对结果负责，就容易造成工作过程中的敷衍和偷懒，长此以往，必定会出现问题。

③ 没有激励制度和薪酬制度

天下熙熙，皆为利来；天下攘攘，皆为利往。工作本身就是利益驱动的，大家来工作不是做慈善的，是要拿工资的。如果在一开始没有具体的激励制度，所有人不管做什么，都是一样的薪酬，那么，当能力较弱的人和别人拿一样的工资时，其他人就会觉得不公平，也会纷纷效仿。人人偷懒磨洋工，能少做点就少做点，反正最后拿的钱都一样，到最后就没有人真正做事了。对懒惰者的宽容，就是对勤奋者的苛刻。靠自驱力做事的人太少，一旦有人"躺平"，就会带动整个团队"躺平"。人心涣散，失去了凝聚力和战斗力，后果不堪设想。建立合理的薪酬制度，能有效激励大家向前冲。

④ 优柔寡断，不敢开人

开人对于每个刚创业的人来说，都是很难的，因为抹不开面子，要顾及人情。但如果团队成员出现了严重错误，你不敢批评，不敢开人，那么其他人，就会默认你允许这种行为的出现，之后也可能纷纷效仿，不会认真工作。一件坏事发生，没有得到相应的处理，就会无数次出现相同的坏事。你要记得，身为团队的创始人，你的一言一行不只是影响一个同事，而是对整个团队都有影响。你的观念和行动非常重要，你看重的，团队会看重；你忽视的，团队也会忽视。千万不要因为自己心慈手软而给自己的团队带来麻烦。

招来了不合适的人，又没有及时腾出新的空间给合适的人，会浪费极大的时间成本，耽误很多事情。创业最讲求的就是效率，和市场抢时间，和别人抢时间。一旦你在关键节点上失误，就会丧失当初拥有的优势。如果发现自己团队的哪个人不合适，那就一定要让对方及时离开，一个不合适的人，会拖垮整个团队。毕竟，优点不容易学会，而缺点很容易传染。

5 不敢放手，过度干涉

从前一个人做事操心惯了，有了团队之后，很容易成为集体的保姆，大包大揽，盯着所有事。一旦某个员工出现了错误，你总会第一时间补位，直接上手搞定。如果是这样的话，你的团队会一直是孱弱的小孩，永远长不大。员工不会竭尽全力想解决方案，也不会认真分析失误原因确保不再重蹈覆辙，甚至会因为觉得你不够信任他，而又多了一个懒惰的理由：反正有人来兜底，我又何必尽全力呢？

团队成员的能力得不到培养，长期下去就丧失了对工作的责任心。如果你紧抓过程，松抓结果，很容易造成大家都做表面文章，看似很忙，却根本没有产出。

你不能成为团队的保护伞，而应该让团队的人和你站在同一战线上，一起闯入腥风血雨中厮杀，这样才能培养出他们坚不可摧的战斗力。

⑥ 团队管理者缺位

如果你不擅长管理，又组建了一个团队，就会每天忙忙碌碌：布置任务，检查落实情况，核对工作进度，培训团队……那么你还有时间去做核心业务吗？你招募团队的初衷，是让团队帮你解决问题，而不是占用你大量的时间，来解决团队管理事务。每个人都会来问你这个怎么做，那个怎么办，一些无关紧要的事情会消磨你的时间。这种情况下，你要给团队培养一个管理者，让他来管理团队。让专业的人做专业的事，把你解放出来。凡是团队可以做的，就交给团队，你只做不可替代的那些事，这才是最重要的，不要本末倒置。

⑦ 团队人员储备不足

刚开始，我们肯定会对团队成员有着深厚的感情，总是妄想着和大家"天长地久"。但是，之后就会明白，团队里的人不会一成不变，一直在变化，有进有出才是正常的。在团队组建初期，很多人会面临这样一个问题：新人进来，花了很多时间进行培训，一旦他学会想离开，你就没有候补选手，旧的人走了，新的人还没来，出现了人员断层、无人可用的局面。那该怎么办？很多人只能自己行动，一边撸起袖子干起所有工作，一边手忙脚乱招募新成员。

每个人都有自己的追求和利益权衡点，当他们想要和你并肩同行时，你就邀请他们来；当他们觉得这里不适合时，你就放手让他们走。

这是彼此尊重，也是互相成全。有人只能陪你一段路，也有人会长长久久地跟着你。重要的是，你要做好随时有人走、随时都有人能顶上这份工作的准备。

以上就是初创团队很容易踩的坑。如果你也是从个人自由职业者正在走向团队化，一定要避开这些雷区，这样会让你走得更轻松，毕竟，少走弯路，就是捷径。组建团队的目的就是要达到共赢，只要有一方不均衡，局势就会倾斜。只有双方都获利，才是健康稳定的团队。

团队管理：怎样组建一个具有凝聚力的团队

从自由职业"个体户"跨越到团队领头人，大部分人最头疼的问题应该是到底怎样才能让大家团结起来？怎样让团队更具有凝聚力？怎样让团队的战斗力发挥到极致？三流的团队是一盘散沙，二流的团队是各干各的，一流的团队是劲儿往一处使、心往一处想。身为团队的核心人物，创始人必须学会正确管理团队，才能打造出一支强悍的队伍，战无不胜、攻无不克。

1 你要招募什么样的人？

（1）成长型思维的人

初创团队的一大特点就是具有变化性和不确定性，没人能预测到第二天会发生什么,所以团队成员必须具备成长型思维。遇见困难的第一反应不是害怕和逃避,而是去迎接挑战,这样的人天生勇于克服困难,擅长应对变化,能使团队形成积极健康、蓬勃向上的氛围。相反,固定型思维的人总是封闭自己,适合做按部就班的工作,面对变化总是消极悲观,不适合初创团队。

(2)创造型思维的人

怎样才能在这个迅速变化、迅速被复制的时代活下去?那就是创新。只有能打出差异化竞争策略,你才能有一席之地。这就要求员工必须有创造性思维,能从各种地方汲取灵感,能经常冒出新的想法和策略,哪怕有时候很多想法天马行空,并不适合执行,但是,有想法的人,总是比没想法好得多。只要有一个创新的想法落地并取得良好效果,就能为公司带来新的营收,推动公司进一步发展。

(3)自驱力强的人

那些你说一件事他就只做一件事的人,千万不能要,因为让他加入后,你就要每天手把手教他每件事怎么做,拿着绳子拽着他,他才会慢吞吞地前进。而自驱力强的人,会结合公司的目标和任务,自己给自己定策略和方案,并反馈给你,同时一步步去执行。他们不需要监督,可以超额、超预期完成很多你没有想到的重要工作。初创团队本来就有相当大的发挥空间,只要符合公司利益,都可以大胆尝试。任何技能都是可以培训的,但是自驱力是天生的,自驱力强的人很难得,如果遇到一定不要错过。

（4）情绪稳定的人

情绪不稳定的人，就是团队里的一颗地雷，可能随时会爆炸，进而波及整个团队。在他心情不好的时候，你要去安慰；在布置工作时，你还要考虑他的情绪……初创团队非常需要情绪稳定的人，就像定海神针一样，不管外界环境如何变化，他都能雷打不动地完成任务；不管出现什么困难，都丝毫不会因为情绪而影响项目进展。屏蔽情绪内耗，会有更多的精神和力量专注于工作。

（5）有共赢思维的人

有的人很有才华，但喜欢单独行动，不愿和别人合作，想要把所有的功劳揽在自己身上，非常自私自利。而有共赢思维的人，才会主动和同事合作，每个人都能充分发挥自己的才能，合作共赢。团队集体行动的力量，远远大于团队成员各自为政。有共赢思维的人想的不是自己赢，而是团队和公司都赢。团队所有人都有赢面，合作产生的成绩才更大，个人收获也更多，公司发展更好，个人也会受益。

（6）抗压能力强的人

抗压能力弱的人，很难适应团队，他们总是在潜意识里高估风险，畏畏缩缩，遇见困难就停滞，不会主动思考解决方法，甚至还可能会掩饰错误和漏洞，做错了事，要么崩溃，要么甩锅。而那些抗压能力强的人，喜欢挑战，愈挫愈勇，主动复盘，迭代方案，有着非常强大的战斗力。

② 怎样培养出优秀的团队？

（1）建立统一的价值观

一个公司的价值观就是扎入地下的根,一旦根基不稳,枝叶很难繁茂。哪怕团队再小,也要有赖以生存的价值观。在创业过程中,不要只想着拼命向上冲,也要时常向下看看,看看团队成员做事是否符合公司的价值观。讲清楚公司的价值观,并且让成员接受,肯定是一个漫长的过程。在这个过程中,你要身先士卒,尤其是当利益和价值观冲突时,要敢于放弃不属于自己的利益,坚定地选择价值观,这样才能成为团队的好榜样。

（2）考虑团队成员的需求点

你的团队需要什么呢？现在的年轻人,工作不仅仅是为了工资,他有成长的需求,有实现自身价值的需求,有得到尊重的需求。

马斯洛的需求层次理论,将人的需求分为以下 5 层,团队创始人也要注意满足员工的这 5 层需求。

生理需要：给团队成员合理的薪酬,保障他们的生活。

安全需要：给大家一定的福利待遇,让他感受到足够的安全感,这样才能稳定下来。

归属和爱的需要：关心团队成员,让大家对公司和团队产生归属感和依赖感。

尊重需要：当大家共同努力实现阶段性目标时,要给予其荣誉和相匹配的奖励,让团队成员感受到被尊重。

自我实现需要和超越：给有能力的成员更高的职位，放手让他完成更有挑战性的任务，实现自我价值，完成自我超越。

（3）确定工作制度和薪酬制度

为什么要强调制度？因为很多人从自由职业者变为创业者时，犯的第一个错误就是没有明确的制度。你要招募自驱力强的人，但不能只相信人的自驱力。让团队清晰地知道你的目标，你对他们的期待，这样他们才心中有数。任何规则都要在一开始就确立好，如果一开始要求很低，而后不断增加规则，团队会产生不良反应。好的规则要求分工明确，责任到人，尽量不要有模糊地带，如规划出合适的薪酬制度，根据业绩来分配；安排弹性可涨的薪酬福利，激发大家的工作热情，从而创造出更大的价值。

（4）建立良好的工作沟通习惯

沟通是为高效工作服务的，不要让沟通成为工作本身。任何事情都要直说，不要拐弯抹角让团队成员猜疑，以免造成信任危机。创始人的说话做事风格，会影响团队的属性。你直来直去地说话，团队也会形成这样开诚布公的沟通风格，既高效又清晰，没有冗长烦琐的会议流程，非常有利于提高效率。人与人之间，也能建立坦率真诚的关系。

（5）做一个更有魅力的领导者

说实话，初创团队并不能开出在市场中非常有竞争力的薪酬，那别人为什么选择你呢？通常是因为你非常有人格魅力，他们在你身上看到了理想的自我，想要在你身上赌未来，他们才会更加愿意追随你。因此，你和那些大公司冷冰冰的管理层不一样，他们是拿工资带团队，你是拿未来带团队。在规则化和制度化的前提下，更通情达理，对员工更体贴尊重，让团队成员折服于你的魅力，工作起来才会事半功倍。

（6）学会包容错误

任何人都会犯错，你也是，所以不要用完美主义的心态来要求员工。完美主义会扼杀很多不够完美但是有潜力的人和想法。如果你事事要求苛刻，一旦有人犯错，你就勃然大怒，那么员工跟着你就会如履薄冰、战战兢兢，没有人敢发言，大家都守着自己的舒适圈，不敢突破，因为突破就意味着可能犯错，而犯错就会被责骂。这样的团队，必然做不大。针对做错的事，就事论事，不要上升到人格攻击。成长的路上谁不踩几个坑？要像包容自己一样去包容员工。在开放的氛围中，大家才可能迸发更好的创意和新的想法，这样的团队才是有生命力的。

培养人才：找到替你管理公司的职业经理人

创业并非那么容易，当产品人变化身份成为创始人之后，会发现管理团队比起单打独斗更艰难。

并不是每一个人都适合做管理，如果创始人很不擅长管理团队，可以考虑找一个擅长管理的合伙人或职业经理人。

找到合适的职业经理人和合伙人并不是一件容易的事情，我们一定不能着急。寻求合适的人才，比找一个好的结婚对象还要难，在寻找合伙人的过程中可能会经历很多让人头疼的事情，比如意见不合，理念不同，能力不足，没干几天辞职走人；还有一些人，在面试的时候，你感觉他什么都会，实际操作起来，却啥也不会。

那么在选择职业经理人或合伙人的时候，要注意什么？怎样做才能找到合适的合作伙伴，帮我们做好管理？

1 认同公司理念，十分认可创始人的能力

我们招募的管理者，要做公司的二把手，若是不能和创始人一条心，这个公司最终的结果就是分崩离析。所以招募合伙人的第一要求，就是认可创始人的理念，以及认可创始人的能力。

很多创始人招募的合伙人，最终一拍两散，就是因为理念不合。

我们公司的合伙人贝总与我合作3年，公司刚建立时她就在做负责人，如今我已经把公司所有业务交给她，管理的问题我几乎不过问，全权由她自主决定。

但是她有任何决策都会通知我，询问我的意见，在意见不同的时候，她会尽量考虑我的想法。我们也会因为某些问题无法统一意见，在这种情况下，就会召开团队会议，让团队小伙伴共同决议。

无论在工作上有任何分歧，甚至争吵，对于我们接下来的工作都毫不影响。

不管是创始人，还是合伙人，都必须明白分歧一定会有的，有争论才有真理。不能把公司利益等同于个人情绪，任何意见或建议都要从公司发展角度出发来考虑。

还有重要的一点是合伙人要对公司非常有信心，同时认为与创始人合作可以把公司做大做强，这个信念十分重要，失去了这个信念，一旦遇到困境，你的合伙人可能就会考虑离开。

②> 与你性格合拍，扬长避短

很多创始人不擅长管理，更适合做产品，这时候，一定要意识到没有人是全能的，管理问题可以交给专业的人来处理，创始人专心做自己擅长的工作即可。

如果分工不明确，就会导致团队成员不知道该听谁的，长期下去，团队就失去了凝聚力。

在我们公司我不擅长管理，就会把所有管理权交给贝总。在我们团队有一个规定：所有行动都听贝总指挥，我也要听她指挥。这样团队成员就知道，谁有决策权。

当然任何决策她私下都向我报备，但是任务指挥者只能有一个人。

做你的合伙人，也要做你的朋友。合伙人和创始人，必须互相了解对方的性格，这样工作起来更合拍。比如我的性格比较急，有时候事情没有做好，我也会批评贝总，但她会很快拿出解决方案给我，并不会有任何情绪。有时候她坚持自己的观点，绝不让步，我也会认真考虑她的提议，因为我知道她所有的提议都是为了公司的发展。

信任是合作的基础，失去信任，任何工作都无法展开。

③> 一定要会掌控情绪

招募合伙人时，除了能力方面的考核之外，一定要找情绪稳定、抗压能力强的人。

如果无法管理好情绪，即使他能力再强也不能用。管理者是团队的定海神针，他如果经常性情绪波动较大，就会让其他员工觉得公司发展堪忧。负面情绪会传染，最终导致整个团队怨声载道。

4 善于思考和学习

公司管理者必须会思考、有想法，不能所有事情都依靠创始人，而自己一问三不知。管理者必须对公司所有问题都制订可行方案，对公司发展有自己的计划，遇见问题能够有自己的解决方法。

很多人有专业知识，但不能独立管理团队。一旦让他独立做一件事，或者对某个问题提出解决方案时，他就束手无策。

学习力和思考力最能体现管理者的水平。

比如我对贝总说，今年公司要实现200万元的收益，你拿出方案，想想我们怎么做。

她很快就会做出方案，如果根据我们目前的业务没有办法完成这个目标，她就会根据公司情况策划新的项目。

这就是思考力。

但是有些管理者，面对这种情况可能会说：我们业务根本达不到，做不到，这不可能。

如果管理者不能为你解决问题，那么他就没有存在的价值了。

筛选合适的管理者时，可以在面试的过程中尝试给他一个难题，看看他怎么回答你。

5▷ 磨合是必要的，但一定要有实习期

高层管理的实习期必须更长，最好 3 个月，因为有些问题，当下你可能看不出来，但是时间久了，你就能知道他是否适合自己的团队。

实习考核主要包括以下几个方面。

（1）能否被团队成员认可？

（2）是否具备独立思考能力？

（3）是否认可创始人的理念？

（4）是否具有主动做事的能力？

（5）是否具备抗压能力和掌控情绪的能力？

（6）性格与创始人是否合拍？

（7）能否长久干下去？

（8）是否斤斤计较？

（9）管理能力和沟通能力是否过关？

（10）能否提出提升营收的方法？

（11）是否能够排除万难完成你布置的任务？

有一条不合格，这个合伙人你都需要再好好考虑一番。很多人想做你的合伙人，并不是为了和你一起发展，而是想借助你的平台赚取流量，所以一定要认真筛选。

6 放权和给钱

招募到了合适的人,如何留住对方呢?这是每一位创始人都会面临的问题。大多数管理者离开公司的原因只有两种:钱不够或权不够。

我们来思考一个问题:我们招募合伙人的目的是什么?

是帮我们做管理,把我们的精力解放出来,所以你一定要学会放权。以我的经验来看,当你赋予管理者权力的时候,他们会更有热情,愿意去做更多的事情。

放权的同时,还要给钱。一般而言,大部分初创公司给合伙人的薪酬结构都是基本工资+公司总业绩分成+其他奖励。

很多创始人总觉得,自己挣得不多,还要分出去那么多,岂不亏本?一些自由职业者刚刚转型做创始人,都有这样的误区。

其实当你把已有的收益分出去,你会得到更多的收益。

我的原则是每年拿出营收的一半来投资公司和给团队发工资。经过3年的实践,我们公司每年的业绩都在翻倍。给员工的钱越多,他们越愿意给你好好干,公司才会发展得更快,你的口碑才会更好。

舍得,先要舍,才有得。

7 和管理者一起成长

钱和权你能给,其他老板也能给,当别人给的钱和权比你多的时候,你就失去了竞争力。你用心培养的管理者,可能会被别人"挖墙脚"。

所以除了这些之外，你还要带着他成长，教他本领。

在我们公司，我要求团队小伙伴必须写作，同时每个月要看不少于 4 本书，我会给他们提供私教服务，来解决他们写作上的问题。我们团队的成员都是在写作课社群选拔的，他们都有一个共同的梦想：成为作家。我会努力帮助他们实现梦想。

贝总在公司这些年，我为她对接了 4 部稿子的写作工作，稿费超过 20 万元；同时带着她一起写作，这本书就是我们一起完成的；我会帮她开课，与她一起打造品牌，让她亦有属于自己的影响力。

只有你给予他别人不能给予的东西，你的合伙人才不会离开你，愿意跟着你一起奋斗。

当然最重要的一点是，他认为你的公司有未来，能做大，能做强，而这一点，就是在考验创始人的能力。你必须不断地努力，让公司有更多业务，更多资源，更多收入。

当你培养出一个真正可以替你管理公司的管理者之后，你会发现，你获得了真正的自由。

实现真自由，完成梦想

真正的自由，就是你可以去做任何你想做的事情，在你不工作的时候，依旧有收益，可以养活你自己。

我以前天真地认为，成为自由职业者就可以实现这种自由。后来我发现我的时间完全被占用，我用来写作的时间甚至都要被挤压没了。

为了养活自己，为了这条路能够持续，我不得不妥协去做一些不喜欢的事情。有时候我也会陷入迷茫之中，不知道做这件事的意义在哪里。

直到我开始创业，组建团队之后，我才知道，原来这才是我要的自由。

团队替代我做了很多我不必亲自去做的事情，我可以安心写作，我实现了我的梦想——心无旁骛地去写作。

以前我一直想象着等我成为自由职业者，我想去哪里就去哪里，想不工作就不工作。但是实际上，最初那几年我在旅游的路上还在回信息、写稿子、讲课，还要剪辑视频、直播。旅游不过是换个地方工作而已，去过一个地方，我甚至不记得看到了什么景色。

团队成立之后，我终于可以放心地去玩了，哪怕我一天不出现，哪怕我消失一周，都无关紧要，因为有人会替我做好所有的工作。

我想要安静写作时，亦可以闭关一个月不出现在公司。

最重要的是，有团队在，我的业务没有停，即使我不工作，依然有收益。

这就是最大的自由，也是从自由职业者转型做创业者的原因。

如果你想过上你想要的生活，请记得为它全力以赴吧！

希望有一天你也可以找到属于你的真自由。

一份自检清单：你拥有成为自由职业者的基本素养吗？

对于想要成为自由职业者的读者，在这里送你一份自检清单，看看你是否适合走这条路。每个问题都要深入思考，从事实出发，客观准确地写出答案，才能检测自己是否适合做自由职业者，且不会盲目入局。

（1）你是否有一项大众认可的技能？

（2）你在某一领域是否拥有属于自己的影响力？

（3）你是否已经确定了自由职业的行业方向？

（4）你是否有积蓄，在无收入的情况下，还能生存一年？

（5）你是个长期主义者吗？

（6）你对你所做之事是否有坚定的信念？

（7）当所有人都不理解你的时候，你会继续坚持下去吗？

（8）你的主打专业是什么？你的核心竞争力是什么？

（9）你的收入来源有哪些？

（10）你的客户群体是哪些？从哪里获取？

（11）你怎样找到你的目标客户？

（12）你的3年计划、5年计划是什么？

（13）你是否做好了创业的准备？

（14）你能否接受你的自由职业之路有失败的可能？

（15）你是否具有很强的抗压能力和自控力？

（16）你愿意为你所做的事业付出一切吗？

（17）你愿意持续不断地学习和提升你的专业能力吗？

（18）你是否已经做好决不放弃的准备？

以上18个问题，如果所有答案都是"是"，你就可以开启你的自由职业之路了。

人生很短，尽情折腾，才算不负此生。

愿你余生可以做自己喜欢做的事，过上自己想要过的生活。

即使经历一百次失败，也要对未来充满希望。

人活着，只要自己不认输，就没有人能打败你。

后记

关于自由职业的18个真相

人类对自由孜孜不倦的追求,可能源于祖先在原野上奔跑、在星空下休憩、在江河中畅游的经历。自由,这两个字对于在现代社会中浮躁空虚又背负各种压力的人来说,更有无可比拟的吸引力。

我从一个上班族成为自由职业者,再成为一位创业者,中间走了很多弯路,好在兜兜转转,最终走上正轨。成为一位自由职业者,并不是件容易的事,但是成为一个合格的上班族又何尝容易呢?既然都不容易,那为何不选择更为心甘情愿的那一种呢?

关于自由职业这件事,我想送一些真心话给你。

① 自由职业,只有热爱,才能长久。对某种事物的极致热爱,能让你忍受自由所带来的所有副作用。

② 成为自由职业者,你就必须放弃一些东西,比如那些在亲戚朋友面前引以为傲的身份、稳定的收入、令人羡慕的职位。

③ 没有哪一个工作可以定义你的人生，也没有哪一个工作可以持续做一生。如果你不想主动改变，就会被环境强制改变。

④ 确定的事情风险低，天花板也低；不确定的事情风险高，天花板也高。在你能够承受的范围内，可以去尝试一些不确定的事情，说不定会收获意料之外的惊喜。

⑤ 踏上自由职业之路，就预示着，你不能再在乎别人的评价和看法。过于敏感的性格，在自由职业之路上特别容易受伤。你需要培养一点恰到好处的钝感力。

⑥ 摔倒了别害怕，爬起来拍拍土继续向前走。等你摔够100次，习惯了失败与挫折之后，就可以怀着愉悦的心态躺在地上，随遇而安，仰望星空。

⑦ 如果你想做某件事，就不要把它停留在想象的层面，而一定要付诸行动才有意义。

⑧ 无论做任何事，一旦选定就要坚持，多坚持一秒钟，就能超越一个和你赛跑的人。等其他人都放弃，最后的成果就是你的了。

⑨ 人生只能看到七八十个春天，你还剩下多少个春天可看？生活就是一趟旅行，与其紧绷神经，不如尽兴做自己真正喜欢的事。

⑩ 有的路，刚开始很宽阔，却越走越窄，这不是真正的自由之路；另一种路，刚开始走得艰难，突破一个阶段后，就会越来越宽阔，这才是真正的自由。你需要好好思考，到底如何选择，才能找到真正的自由。

⑪ 做自由职业者，偶尔需要反人性。在坚持与放弃之间，选择坚

持；在长线和短线之间，选择长线；在工作和娱乐之间，选择工作；在敏感和钝感之间，选择钝感；在延迟满足和即时满足之间，选择前者。不要犹豫不决。

⑫ 如果你不喜欢独处，趁早放弃这条路。自由职业的本质就是一个人跋山涉水，无人可陪。

⑬ 空闲的时候多出门走走，闷在家里会让心情发霉。

⑭ 做好一件小事，就积累起一分别人对你的信任，信任就是你的资产。

⑮ 你需要先从内心打破一些规则，才能突破外界封锁，一点点成长。自由从来都是由内而外生长的，内心的高度决定你人生的上限。

⑯ 你肯定会无数次听到外界的干扰，解决方法只有一个，那就是尽可能远离干扰源，坚守内心。

⑰ 自由职业听起来很美好，但追逐美好，通常是需要付出相应代价的。随时做好平衡得失的心理准备，才能在困难到来时迅速做出取舍，保证自己的事业不受损失。

⑱ 在不确定性环境中锻造内在的确定性核心能力，比一味追求有保障的确定性外部环境更有确定性。心态上的处变不惊，认知上的高维成长，能力上的稳如泰山，反而能构建出一种外部环境变好的确定性。在不确定的时代，你也可以确定地活。

杜培培